中國書店藏版古籍叢刊

增注史要

清·任啓運 輯撰
吴肇慶 纂注
任麟徵 增注

中國書店

據中國書店藏版整理
戊子年春月重刊

出版前言

《增注史要》，一函四册。此書爲普及歷史知識的啓蒙讀物，由清代學者任啓運輯撰、吳兆慶纂注、任麟徵增注。

任啓運（一六七〇——一七四四年），江蘇荆溪人。字翼聖，號釣臺。清朝著名學者，精理學，宗朱熹。著有《宫室考》《尚書内外篇傳》《孝經章句》《禮記章句》《清芬樓文集》等。

《增注史要》共七卷，版心題名爲《史要》。全書爲四字一句的韵文，從盤古一直講到明代，集幾千年歷史於一書之中。『纂言紀事，約而能賅，實初學稽古之助』，而且朗朗上口，易於記誦。此書在作者生前并未刊行。吳廷選，號石亭，江蘇荆溪人，爲任啓運同鄉，因與任家後人交好，所以有幸見到《史要》的手稿本并另鈔一本爲之作注。注書未成而吳廷選謝世，其子吳兆慶，字小亭，承父志繼續爲《史要》作注。最終於嘉慶二十二年（一八一七年）刊刻付印，

是爲嘉慶本。書前有嘉慶二十三年（一八一八年）陳邦泰與石韞玉的兩篇序文，書後有吳兆慶的跋文。但此刊本流傳不廣。

後任啓運之族孫任麟徵得到一嘉慶刻本《史要》，痛惜是書之不傳。他用兩年的時間，博采各家爲《史要》作了增注，比吳兆慶的注更爲詳盡。光緒七年（一八八一年）《增注史要》付梓刊刻。書後附光緒七年（一八八一年）任麟徵的跋文，記録此次增注刊刻的詳細經過。本次刊刻的《增注史要》，包括任啓運輯撰的《史要》原文，吳兆慶的纂注以及任麟徵的增注，是最全面的版本。此書每半頁十二行，行二十一字。黑口，左右雙欄。原文上抬一格并用大字加粗，吳氏注文用正文字體，單行排列，任氏增注小字雙行。注文前均有陰文『注』或『增注』標識。開卷瞭然，裨便讀者。

但是，《增注史要》刊刻後并未付印，書版經過一個世紀的輾轉流傳，最後爲中國書店所收藏。中國書店是一家專門從事古舊書刊收集、保護、整理和出版、流通的文化企業。在半個世紀漫長的經營歷程中，收集和保護了大量的珍貴古籍文獻資料，也收集保存了近十萬片古書木板。這批古書木板有各類古籍一百六十餘種，涵蓋了經史子集各個部分，具有很高的文化價值和極爲重要的文獻價值。在社會各界的支持下，中國書店出版社把發掘和整理這批珍稀書

版，作爲工作的重要内容。中國書店出版社曾於一九九二年刷印過《增注史要》。此次《增注史要》作爲《中國書店藏版古籍叢刊》第三批刷印的圖書之一刊行於世，爲歷史及蒙學讀物的研究者和愛好者提供了一個珍稀的版本。

中國書店出版社

丁亥年初冬

《史要》序

中國書店新以原版刷印的任啓運《史要》七卷，是一種罕見的古籍。

任啓運是清朝著名學者，字翼聖，號釣臺，江蘇荆溪人（荆溪後并於宜興，所以有的書説他的籍貫是宜興），生於康熙九年（一六七〇年）。他自少通習理學，以學宗朱子聞名，然而直到雍正元年（一七二三年），年過半百纔中舉。十年後，任啓運應考進京，剛好雍正帝徵詢精通理學的人才，得到尚書張照的推薦，特詔廷試，得旨嘉奬，於是成進士，授翰林院檢討。乾隆初，由署日講起居注官升中允。乾隆四年（一七三九年），任侍講學士。七年（一七四二年），任都察院左僉都御史。次年，充三禮館副總裁，不久又升任宗人府府丞。九年（一七四四年），卒於賜第，年七十五歲。任啓運晚年這十幾載中，長期直上書房。乾隆帝曾賜給他御書『理學第一』匾額，對他可謂格外重視。

任氏的著作，大多是在禮學方面。撰有《肆獻祼饋食禮》三卷、《宮室

考》十三卷，蜚聲於世，後均收入《皇清經解續編》。另撰有《尚書内外篇傳》。從這幾種書看，任啓運固然以理學爲宗旨，在一定程度上也受到當時正在興起的漢學考據風氣的影響。他的作品，據嘉慶二年（一七九七年）《新修荆溪縣志》載，還有《周易洗心》《四書約旨》《孝經章句》等多種。

在一系列專門艱深的著述以外，任啓運還編寫了不少通俗教育性質的書籍。比如《記事珠》《同姓名考》，是供查檢用的；《女教經傳》《女史通纂》，是給婦女讀的。《史要》一書的撰著，也是出於普及知識的目的，是純粹講述歷史的通俗教科書。它用四字一句的韵文，自盤古一直説到明代，簡潔扼要，便於記誦，可以看出作者所費的苦心。

《史要》在任氏生前，没有能够刊行。這部書問世的過程，可説是頗爲曲折的。

首先注意《史要》的是任啓運的同鄉吴廷選（號石亭）。吴氏在青年時和任家後人交好，得以讀到《史要》的稿本。他覺得這部書『纂言紀事，約而能賅，實初學稽古之助』，便親鈔一部，計劃爲之作注。不過，吴氏仕途事多，

注釋的工作始終未能完成，祇有一些遺稿傳到其子兆慶（字小亭）手中。吳兆慶早年也奔走各地，到嘉慶十九年（一八一四年），他有機會參加校刊《全唐文》，獲得了時間和條件，纔抽暇續注《史要》。兩年後，纂注完稿，第三年冬天開始刊刻。陳邦泰、石韞玉爲注本作序，都署爲嘉慶二十三年（一八一八年）三月，估計這年全書便刻成了。這是《史要》的第一個刊本。

上述《史要》的嘉慶刊本流傳不廣，而且很快瀕於湮滅。同治七年（一八六八年），任啓運的族孫麟徵旅行到山西太原，在舊書店買到一部《史要》。他三年後回到老家，當地父老竟没有知道這部書的。任麟徵博采各種史籍，爲《史要》作了增注，比吳兆慶的注更爲詳細。增注的完成，約在光緒七年（一八八一年），這離嘉慶刊本已有六十多年了。新版本包括《史要》原文和吳兆慶、任麟徵的注釋，最爲完善，然而刻好後因故没有付印。現在中國書店刷印的就是這個版本。

任啓運是一位理學家，他所編寫的這部《史要》，不免帶有像《紫陽綱目》那樣的正統色彩。不過他的學問淵博，文筆簡煉，能在有限的篇幅中，用

韵的語概括整部通史，即使今天來讀，也有助於瞭解古代史事的大要。我們論述歷代史學著作，對這樣的書也應給以一定位置。至於研究過去的通俗教育，更不能忽略《史要》一書。中國書店印行了這部書，使之廣泛流傳，是值得我們感謝的。

中國社會科學院歷史研究所
李學勤
一九九〇年十一月

序

史要集註者吾友荆溪吳小亭承尊人學士石亭先生志而成者也學士以釣臺任宗丞所著史要一書始盤古迄有明序事幾萬幾千餘年爲言幾百幾十有幾緯以聲韻綰以詞華比之鑑畧蒙求紀事各書眞所謂文省於前事增於後誠讀史者之近功矣然或以一言括一事或以一事列數言向使胸羅全史固自開卷瞭然若素未窺杜下一編不無模糊影響苟非句詮而字釋之遇事求詳仍須檢及本史則此書不如無有豈非甚可惜歟學士亟思加註以壽其傳顧因銜命衡文歷持玉尺輶軒鏁院轆轤靡寧公政勞心此事遂屬頃小亭應兩淮阿直指聘校書邗上追思先志惄如皇如忙中抽暇採摘各書註成此帙以史釋史正如以經說經匡鼎解頤戴憑奪席何多讓焉功旣竣因遂梓而行之此其所以卒先業而廣先志也敢翊翊然自附於箋疏之林哉抑有進者是役也勾稽簡潔條系詳明不獨齠童蒙記誦之心亦可飽貧士荒寒之腹昔人稱杜氏有功盲左小亭之於釣臺正堪相況質之君家學士亦應默慰云

嘉慶戊寅三月武陵愚兄陳邦泰拜序

序

六經尚矣其次莫如史讀史者於羲農堯舜以來四千年盛衰升降瞭然若螺紋之現於掌豈非人生一快事哉顧歷代史書汗牛充棟學者必讀盡其書而後知其盛衰升降之故將窮年莫殫累世莫究且貧士不能積書者雖欲從事而末由也往者任釣臺先生著有史要七卷其書倣唐人蒙求之例我同年吳石亭學士欲註其事蹟而梓行之有志未果今哲嗣小亭茂才繼其志而成之比事屬辭簡要詳核續全史於寸帙之中其嘉惠後學豈淺鮮哉予嘉其英年勤學能讀父書而又能出其所寶與天下共之也是爲序

嘉慶戊寅三月吳門石韞玉撰

史要目錄

史要卷一

荆溪任啟運輯　邑後學吳兆慶纂註

族孫麟徵增註

上古

自九頭紀人皇氏至序命氏凡八十三君一云一百八十三君自開闢至春秋魯哀公十四年獲麟之歲共二百廿六萬七千年自黃帝八年作甲子至明崇禎末年共四千三百七十一年【增註】盤古三皇之時歲數無考五帝自伏羲以至帝摯雖載有年數然諸帝之外尚有脫漏世系與可編年而無錯遺端自帝堯元載甲辰起

十紀　九頭紀古者謂一人為一頭人皇兄弟九人故名　五龍紀一曰皇伯二曰皇仲三曰皇叔四曰皇季五曰皇少德五方司五行　攝提紀以攝提首歲為紀故曰攝提紀亦曰五十九姓紀　合雒紀龜圖出洛從而合之故名　連通紀道德相承通微無間故曰連通　敘命紀言能以天命敘而通之也　循蜚紀德厚信衽人循其化速若蜚也　因提紀世有制作俾後人因以利時也　禪通紀禪讓之德以通乎天道也伏羲神農之世　疏仡紀疏以知遠仡以審斷仁義道德之所用也其世則自黃帝以迄於周

太極既建兩儀用分盤古首出爲天下君【註】天地渾沌如雞子盤古生其中萬八千歲天地開闢盤古爲萬物之祖【增註】帝王五運歷年紀云盤古龍首蛇身又荆州風土記以十月十六爲盤古生辰占驗陰霽俱屬不稽故路史首天皇而不記盤古泯荒唐也

天皇澹泊干支以陳【註】天皇氏澹泊寧靜以治制干支以定歲干幹也其名十甲曰閼逢乙曰旃蒙丙曰柔兆丁曰彊圉戊曰著雍己曰屠維庚曰上章辛曰重光壬曰元黓癸曰昭陽支枝也其名十二子曰困敦丑曰赤奮若寅曰攝提格卯曰單閼辰曰執徐巳曰大荒落午曰敦牂未曰協洽申曰涒灘酉曰作噩戌曰閹茂亥曰大淵獻【增註】一姓十三人　洞神經云天皇姓望名獲字子潤號中天皇君以木王

地皇氏起始定三辰【註】地皇氏定三辰分晝夜以三十日

爲一月一歲共十二月二十四氣七十二候【增註】三辰日月星也一姓十一人 史紀本紀地皇火德興於熊耳龍門等山遁甲開山圖地皇姓岳名鏗字子元號中地皇君水經注地皇十一兄弟面貌皆如女子龍顙馬蹄

人皇氏作乃立君臣【註】人皇氏時萬物羣生淳風沕穆政教君臣所自起飲食男女所自始【增註】一姓九人分山川爲九州路史相厥山川形成勢集才爲九州謂之九囿是也史記本紀人皇駕雲車乘六羽出谷口兄弟九人分理九州各立城域凡一百五十世

有巢構木燧人烹飪【註】上古穴居野處人民不勝蟲蛇禽獸有巢氏構木爲巢教民避爪牙角毒之害 上古茹毛飲血燧人氏始鑽木取火教民烹飪作結繩之治【增註】燧人有四佐曰明申曰必育曰成博曰隕邱 大事【註】則大結其繩小事小結其繩以記之 燧人立傅教之臺師道始此興交易之道人情以遂故又謂之燧皇春取榆柳之火夏取棗杏之火夏季取桑柘之火秋取柞楢之火冬取槐檀之火

荒史所傳莫之詳省【增註】古書不可攷所謂洞神靈寶丹壺遁甲諸書皆後人附會而成不足信也

三皇世稱伏羲爲太皞神農爲炎帝軒轅爲黃帝謂之三皇凡十君共七百三十四年【增註】宋五峰胡氏曰皇者初冒天下者也帝者主宰天下者也自燧人氏而上即三皇之世也自庖犧神農黃帝堯舜而言即五帝之世也是五君者有先天地開闢之仁後天地制作之義故孔子易大傳稱之黃帝之後少昊顓頊高辛雖嘗帝天下孔子越而遺之必稱堯舜者以三君居位僅可持其世未有大制作貽萬世故也

易首伏羲太皞風姓【註】伏羲風姓以木德王仰觀于天俯法于地中觀萬物之宜造八卦始作三畫以象二十四氣因而重之爻象以備【增註】又作荒樂歌扶徠詠網罟以鎮天下之人命曰立基斲桐繩絲爲二十七絃七尺二寸之琴命之曰離徽天音組桑爲三十六絃之瑟以修身理性反乎天眞配干

支作甲歷策辭曰昊英進歷於君曰歷起甲寅以為歷數之終蓋開物成務政教大行矣造化之祕洩於此而道統之傳亦本於此　古之王者易代改號取法五行更旺相生先起於木太昊首以木德王天下蓋木為四時之首也故風姓易巽為木為風有聖德象日月之明故曰太昊木之位在東方故有日月之象昊與皡同明也月令其帝太皡

成紀流虹河圖授聖【註】帝母居華胥之渚履巨人跡意動虹繞之始娠孕十有二載十月四日帝生於成紀有龍馬負圖之瑞　華胥今陝西西安府藍田縣成紀今甘肅秦州秦安縣【增註】以龍紀官作甲歷定四時因龍馬而以龍紀官春官為青龍夏官為赤龍秋官為白龍冬官為黑龍中官為黃龍　龍馬所負之圖一六居北二七居南三八居東四九居西五十居中奇耦交錯理數自然帝則之畫為八卦制禮作樂開天立極實萬世聖神之宗主也

畫卦書墳嫁娶斯正【註】造書契以代結繩制六書一曰象形二曰假借三曰指事四曰會意五曰轉註六曰諧聲使天下義理歸於文字制嫁娶以儷皮為禮正姓氏通媒妁以重人倫之本【增註】象形謂日月之類象日月形體假借謂令長之類一字兩用指事謂上下之類人在一上為上人在一下為下會意謂武信之類止戈為武人言為信轉註謂考老之類文意相受左右相注諧聲謂形聲一也如江河之類以水為形以工可為聲　孔安國書序伏羲神農黃帝之書謂之三墳言大道也少昊顓頊高辛唐虞之書謂之五典言常道也　南湖丁氏曰論字學者皆謂始於蒼頡而不謂始於伏羲按蒼頡為黃帝史官或伏羲制字至蒼頡而大備或蒼頡即伏羲之臣而共成書契皆失攷矣　人之始生與禽獸無異知有母不知有父知有愛不知有禮卧則呿呿起則吁吁飢則求食飽則棄餘故正嫁娶以重人倫以儷皮為禮儷偶數也上古未有布帛衣鳥獸皮故以為禮後世納幣本此

網罟漁佃以制物命【註】時民逐捕禽獸以食帝教為網罟以佃以漁又教豢養六畜以充庖廚為犧牲享神祇故又曰庖犧氏

百十五年陳都布政【註】在位百十五年　陳今河南陳州

府

炎帝神農姜姓之祖【註】帝以火德王故稱炎姜姓【增註】以火紀官　母曰安登少典氏之君娶於有蟜氏之女生二子長曰石年育於姜水故姓姜起於烈山曰烈山氏作連山易曰連山氏初國伊後國耆合稱伊耆氏教民樹五穀嘗百草作方書曰神農氏　按外紀伏羲之後有女媧柏皇中央大庭栗陸驪連渾沌赫胥尊盧昊英有巢朱襄葛天陰康無懷凡十五氏相繼爲天子而後神農氏作考伏羲命官十五氏多與焉是皆伏羲臣也或疑爲當時各君一方如後世諸侯之國然多不經語故姑闕之惟依易大傳郎以神農氏總之

子柱教耕冶金範土【註】帝子柱能佐帝耕稼後世祀以配稷【增註】後世謂虞夏之際也爰及於商始祀棄爲稷　時民未知穀食帝因天時相地理擇五穀之種作陶冶制耒耜以教天下而農事興【增註】杜七歲有聖德任公而不物任法而不數故其時老幼安里而無謝生之心南北西東莫不來亨來洛來茹亦曰烈山氏是時東至暘谷西至三危北至幽都南至交趾喁喁向化合夷夏爲一家幅員至廣遠也後世聲教不及上古猥曰今地闊民稠非若上世之易治其信然耶按神農之茶鄉虞之蒼梧夏之會稽皆以楚越南徼爲巡狩必至之地至周成王時三譯來朝之越裳實經林邑扶南諸國歷數萬里海程以至中國爲歸宿奈何成康而後荆揚二州爲蠻貊以致大禹太伯之裔至壽夢句踐始通中國若非更置郡邑則荆揚財賦之區棄同榛莽吳越佳麗之地擯諸島夷甚矣封建之制不得不變通於秦漢時也

制市立醫臨承繩武【註】日中爲市致天下之民聚天下之貨交易而退各得其所民有疾病未知藥石帝味草木之滋察寒溫平熱之性辨君臣佐使之義嘗一日遇七十毒神而化之作方書以療民疾由是民無夭札帝在位一百四十年都陳遷曲阜帝臨踐位八十年承踐位六十年【增註】按臨爲一人魁在承之後原本本外紀以臨爲臨魁宜更正　考神農書云承爲民賦二十而一按管子言共工氏之伯取民有法而神農亦有終歲貢獻之事賦貢之來久矣　桉承之後有帝魁䰠修自勤夙沙氏始叛其臣箕文諫之不聽殺之夙沙之民自殺其主以歸世本唐韻言夙沙氏煮海爲鹽

故謂之鹽宗

明宜來褒榆罔斯阻 註 帝明踐位四十九年帝宜四十五年帝來四十八年帝褒四十三年褒生節莖節莖生克及戲皆不得位克生子榆罔立褒曾孫也居於空桑爲政束急諸侯攜貳其臣蚩尤作亂帝遷居於涿鹿有熊氏繼之降封帝於潞在位五十五年 空桑今河南開封府陳留縣涿鹿在今直隸宣化府保安州南

曲阜祚終五百十五 註 自神農至榆罔

黃帝有熊蚩尤致武 註 帝有熊國君少典之子姓公孫母感電光繞斗而有娠生帝於軒轅之邱因名軒轅都涿鹿以土德王炎帝之裔曰蚩尤好兵喜亂能爲大霧黃帝與戰於涿鹿軍士昏迷乃作指南車以示四方遂擒

蚩尤戮之 增註 母曰附寶有熊即新鄭縣以雲紀官帝鑄鼎荆山鼎成而崩其臣左徹取衣冠几杖而廟祀之帝長於姬水故又以姬爲姓車上有樓列仙人於其上車雖回轉手常指南

教蠶西陵倉沮字祖 註 命元妃西陵氏教民育蠶治絲以供衣服後世祀爲先蠶史官倉頡沮誦制爲文字天雨粟鬼夜哭 增註 元妃西陵氏之女曰嫘祖倉頡見鳥獸之跡體類象形而制字

容典咸池榮鍾岐鼓 註 命大容作雲門大卷之樂名曰咸池命榮猨鑄十二鐘合陰陽之和命岐伯作鼓吹鐃角以揚德建武

羲和占日尚儀占月 註 帝授河圖見日月星辰之象始有星官之書命羲和欽歷象定星辰命尚儀以閏月定四時 增註 五帝之制器利用至帝而始備然非羣工喜起何以洽天地而協神明躋斯民於仁壽之域蓋一時明良會合治化大同駸駸乎非復從前之朴野矣帝之利濟萬世其食報亦宜萬世以故二十五男別姓

十二帝王統系千古稱宗厥後少昊高辛高陽以及摯堯禹稷契聖子神孫或身爲天子或歷千百年而遞爲天子帝之德報與天壤同休者也

車區占星臾蓲推策【註】車區定五星之氣臾蓲作十六神厤迎日推策【增註】帝於盛水之陽築壇祭以太牢有玄龜含符至壇似皮非皮似綈非綈廣三寸袤一尺文曰天一在前太乙在後於是置九宮設八門布三奇六儀制陰陽二道凡千八十局名曰天乙遁甲即此書也升王屋啟石函發玉笈得九鼎飛靈神丹訣中華君即中黃丈人受九品之方受襄城小童步六紀之法黃驟小產步三綱之法帝子二十五人其得姓者十四別爲十二姓曰祁曰己曰滕曰葴曰任曰苟曰嬉曰佶曰儇曰依曰姬姬有二人曰酉酉有二人共得十四姓後有姓氏始此

大撓甲子容成定厤【註】八年命大撓探五行之情占斗綱所建以十干配十二支作六十甲子命容成造天儀著周天歷度作調律以建寅月爲歲首

岐伯內經雷俞審脈【註】命岐伯作內經醫書辨民疾病察水泉甘苦以療疾令民知避就命雷公俞跗察明堂究息脈知五臟六腑之强弱

牟矢揮弓共舟狐楫【註】命夷牟作矢揮作弓以威天下共鼓作舟化狐作楫以濟不通

邑夷攻車伶倫制律【註】命邑夷作車以行四方命伶倫制十二篇以象鳳凰之鳴而別十二律以合五聲成樂

甯封司陶赤將作室【註】甯封爲陶正赤將爲木正以利器用【增註】甯封能作五色煙積火自燔

五幣始興井田封國【註】范金爲貨置金刀立五幣以制國用使八家爲井井開四道分八宅而鑿井於中井一爲鄰鄰三爲朋朋三爲里里五爲邑邑十爲都都十爲師師十爲州以封國焉【增註】五幣以珠玉爲上黃金爲中刀布爲下

六相成功百年紀歷【註】羲和尙儀車區臾蓲大撓容成或
曰風后力牧太山稽庸光常先太鴻爲六相　黃帝在
位百年以歷紀【增註】帝後有帝鴻氏釐姓帝次妃子卽帝休干寶革命論曰黃鴻世及以
一民也堯舜受禪體文德也
瑞顯鳳麟指佞屈軼【註】時有鳳凰巢於閣麒麟遊於囿有
草生於庭佞人入則指之名曰屈軼
五帝世稱少昊顓頊高辛唐堯虞舜謂之五帝共三百九十一年
少昊鳳官是爲已氏【註】少昊名摯姓已黃帝之子母感大
星如虹而生以金德王故稱金天氏能修太皡之法又
號少昊時鳳適至以鳳紀官【增註】金天之先作布貨以利國用立史官尊者
老修其方而天下治於時鳳凰呈祥諸福畢至但其衰也以諸侯九黎亂德天下懼以神而惑以怪家爲巫史
民瀆以祀孔聖遺之而不入五帝者良有以夫

樂作大淵年八十四【註】作大淵之樂在位八十四年都曲
阜
高陽歷宗絕地天通【註】顓頊姓姬氏黃帝孫昌意子母感
瑤光貫日月之祥生帝以水德王初都衛遷高陽號高
陽氏地純陰凝聚於中天浮陽轉施於外周旋無端其
體渾渾帝始爲儀制驗其盈虛升降制歷以孟春月爲
元命南正重司天以屬神北正黎司地以屬民絕地天
之通革九黎之亂神人不雜萬物有序【增註】顓者專也頊者正也
有專正天人之道也作三作天曰作時地曰作昌人曰作樂謂之三作其敷令曰無慢制無虐民貴臣矯而弗
德男女不相避於道者拂之四達之衢是年正月朔旦立春五星會於天歷營室
金正以該木正以重【註】以少昊子該爲金正曰蓐收重爲
木正曰勾芒

火融水冥土正勾龍註帝子爲火正曰祝融又以脩熙相
代爲水正曰元明以炎帝子爲土正曰勾龍分治五方
勾龍能平水土後世祀以配社
姬祚七八承雲是隆註帝在位七十八年作承雲之樂
帝嚳高辛姬姓繼跡註帝名夋姓姬少昊之孫橋極之子
受封於辛號高辛氏以木德王增註夋音親帝生而神異自有其名曰
嚳四妃所舉天縱神聖郁郁嶷嶷王后烝哉惟不立德不立長而使荒淫之摯褻居至尊九年而廢於諸侯短
於智矣
咸作六英姜嫄誕稷註命咸黑爲聲歌倕作鼙鼓鐘磬吹
筝管壎篪名曰六英之樂蓋言六合英華也帝有四妃
有邰氏女曰姜嫄與帝禋祀上帝而生稷

慶都育堯有娀生契註陳鋒氏女曰慶都有赤龍之祥而
生堯有娀氏女曰簡狄祈於高媒有呑鳦之祥而生契
都亳六旬子摯荒佚註在位七十年娶娵訾氏女曰常儀
生子摯摯立九年不修善政諸侯廢之尊堯爲天子
亳今河南河南府偃師縣增註張栻曰帝摯以上雖有世有年難以甲子編定
但紀其在位年歲世遠傳聞不能盡信也南湖丁氏曰史稱執中而徧天下等語則嚳爲至聖矣顧其立嗣
也長不以稷德不以堯乃立荒淫之摯何耶人知堯之不立丹朱而不知其懲之於摯人知泰伯仲雍之讓王
季而不知其倣之於稷契人知王季之受讓而不知其倣之於堯
唐堯祁氏作都平陽註帝姬姓嚳次子母陳孕十四月而
生帝於丹陵育於母家伊侯之國後徙耆曰伊耆氏佐
摯封植受封於陶堯從涿鹿遷此復封於唐又號陶唐
氏以火德王都平陽　平陽今山西平陽府臨汾縣陶
今山東曹州府定陶縣唐今直隸保定府唐縣增註子監

明早世次子丹朱不肖封於丹淵爲諸侯故稱丹朱
帝如日月經天海嶽佈地立人道以參贊化育眞萬世
神聖之帝王也 時龍門未鑿呂梁未闢河出孟門江
淮通流故九年大水有懷襄之患 孔安國謂二帝之
名無可考司馬遷定以堯舜禹三字爲名至今從之漢
馬融諸儒以堯舜禹爲諡自虎通云堯猶嶢嶢也
至高之貌清妙高遠優游博衍衆姓之主百王之長也
舜猶僢僢也言能推信堯舜之道而行之也禹據顏師
古云古唐虞之文崇高古之質故以爲號然堯曰咨爾
舜舜曰咨爾禹以及汝棄汝契無一非名且舜未嗣位
舜書舜曰而不書帝既立惟書帝不復書舜舜非諡則堯
禹可知今諡法有此三字殆後人所爲不然有鰥在下堯
曰虞舜豈在下之鰥卽可先諡而後帝乎總之放勳重
華文命蔡氏書傳以爲稱述功德之字至堯舜禹上世
原不諱名筆之書史蓋見古人之質古聖并包天地豈
有賣指其名之嫌惟後人尊聖當思敬愼三字之意如
宋景德元年命李宗諤等詳定正辭錄堯舜並稱唐帝
虞帝禹湯並稱夏王商王之類斯庶得尊崇之大體矣

甲辰元載樂曰大章 【註】帝以甲辰卽位作大章之樂 【增註】起甲辰終癸未一百載內自丙辰舜攝位二十八載又甲申乙酉舜避南河二載實七十載

諫鼓謗木協和萬邦 【註】置諫鼓立謗木

衢謠華祝獻龜越裳 【註】帝治天下五十載不知治不治乃微服游於康衢聞童謠曰立我烝民莫非爾極不識不知順帝之則又有老人含哺鼓腹擊壤而歌曰日出而作日入而息鑿井而飲耕田而食帝力於我何有哉又觀於華華封人曰嘻請祝聖人使聖人富壽多男子富壽多男是無事無辱無懼矣 五達曰康六達曰衢擊壤以木長三四寸先側其一於地遥以手中一壤擿之華卽西嶽在陝西同州府華陰縣南 述異記南國越裳氏重譯來朝獻神龜蓋三千歲方三尺餘背有蝌斗文記開闢以來帝命錄之謂之龜麻時有猰貐修蛇爲民害因使羿殺之 【增註】山海經堯時十日並出堯使羿射之落其九落爲沃焦按日距地高遠無量何以投以矢鏃且仰射天日乃後世暴虐所爲堯帝肯爲之 路史帝時洪水洊之窫窳鑿齒九

嬰十日封豕長蛇大風之害民罔攸止釋云融天之山有人曰鑿齒長五尺如鑿食人大風風伯也封豕長蛇北封伯之子十日羲和之子皆當時凶頑之徒如檮杌饕餮之類於是擇兵稱旅分理所事屠長蛇於巴陵繳大封於青邱射十日投窫窳斬封豕誅鑿齒於疇華之野戮九嬰於凶水之上

廷生蓂莢閏法始詳【註】有草生於庭曰蓂莢十五之前日生一葉十五後日落一葉小餘則一葉厭而不落觀之可知旬朔故名歷草命和叔居朔方理朔易以正冬至以閏月定四時成歲使萬世有所考驗【增註】考置閏之法黃帝時容成已定有閏非堯時始置想至羲和較正則更無差耳

時有虞舜頊支姚姓【註】舜黃帝八世孫姓姚年二十以孝聞堯封之虞後禪以位號有虞氏以土德王【增註】起丙戌終癸酉四十八載內丁巳禹攝位一十七載又甲戌乙亥禹避陽城二載實二十九載 史稱黃帝生昌意昌意生顓頊顓頊歷窮蟬敬康句望蟜牛以至瞍生舜則舜黃帝八世孫也 附攷史鑑譜黃帝之裔禹與堯同高祖兄弟舜則堯之五世從元孫舜御堯女實爲祖姑且堯授天下於從元孫舜又授天下於從祖舜年百十歲而後禪禹乘舛實甚至於禘黃帝於圜丘黃帝非有虞在廟之宗郊帝嚳於國之陽嚳非有虞在廟之主有虞在廟之主有幕與瞍焉書曰祖考來格考者瞍祖則瞍之父也皆祖考於廟不同明堂禘郊之祖宗以是知祖顓頊者特以其位之所自傳而祖之非祖之於虞廟其宗堯也亦惟推帝業之從受而以爲配則頊豈舜之祖而舜豈黃帝裔乎

父頑母嚚克盡孝敬【註】帝母握登繼母生象父瞽瞍惑於後妻少子常欲殺之帝克盡孝道

英皇旣嬪文祖受命【註】堯子丹朱不肖求賢以遜位四岳薦舜降娥皇女英於嬀汭嬪於虞堯七十三載正月上日受宗於文祖【增註】書受終於文祖文祖者堯之太祖也祖堯之祖以其受於堯耳故顓頊帝嚳當爲文祖堯當爲神宗非以舜爲頊裔也娥皇無子女英生義均及季釐均封商釐封緡次妃癸比生二女曰宵明燭光

四凶畢誅元凱咸進【註】帝鴻氏有不才子曰渾沌少昊氏有不才子曰窮奇顓頊氏有不才子曰檮杌縉雲氏有不才子曰饕餮謂之四凶堯未及去帝皆投之四裔又共工驩兜鯀三苗亦謂之四凶高陽氏有才子八人蒼舒隤敳檮戭大臨龐降庭堅仲容叔達謂之八愷高辛氏有才子八人伯奮仲堪叔獻季重伯虎仲熊叔豹季貍謂之八元堯未及舉皆用之【增註】有秀士七人曰雄陶方回續牙伯陽東不訾秦不宇靈甫謂之七友與舜相善蘇氏古史曰洪水爲患舜入山林相視原隰雷雨大至衆懼失常而舜如故自義皇以來堯舜當一元文明之會巍巍蕩蕩民無能名至揖讓授受十六字開千萬世心傳神聖心印猗歟休哉三皇建極而後五帝禪受惟唐虞爲獨隆以所禪皆異姓也

蒲版作都丙戌元正【註】丙戌載即位作都蒲版　蒲版今山西蒲州府永濟縣【增註】九年西王母來朝獻白環玉玦爾雅云觚竹北戶西王母日下謂之四荒蓋皆國名也

鑾車黃冠兩序祀聖【註】鑾車有虞之輅黃冠草服也服以祭穀神建上庠於西郊建下庠於國中祀先聖先師

卿雲作歌南風解慍【註】時卿雲出帝乃作歌曰卿雲爛兮糺縵縵兮日月光華旦復旦兮造五絃琴歌南風之詩曰南風之薰兮可以解吾民之慍兮【增註】八伯咸進和曰明明上天爛然星陳日月光華宏於一人帝載歌曰日月有常星辰有行四時順經萬姓允誠於予論樂配天之靈遷於賢善莫不咸聽鼚乎鼓之軒乎舞之菁華已竭褰裳去之

禹宅百揆棄爲后稷【註】命禹平水土作司空兼行百揆之事命黎民阻飢命棄播時百穀【增註】禹治水陸行乘車水行乘舟泥行乘橇山行乘檋橇音蕝檋音菊　禹生於僰道石紐鄉葬於會稽　禹一饋而十起一沐三握髮以勞天下之民

秩宗伯夷司徒命契【註】命夷典三禮主百神之職使契爲

司徒敬敷五教

共工者垂作虞者益 註 命垂工金工石工木工獸工草工不可廢命垂主百工之職命益掌山林草木鳥獸

臯陶明刑龍允出納 註 命臯陶爲士師使明五刑命龍作納言夙夜出納政令惟允

夔奏九韶蒼梧乃陟 註 命夔典樂定律呂升歌三間歌三合樂三工告樂備簫韶九成鳳凰來儀百獸率舞和之以平天下帝巡狩於南岳崩於蒼梧之野三十徵庸三十在位五十載陟方乃死　蒼梧山名一名九疑山在今湖南永州府寧遠縣

夏凡十七君共四百三十九年起丙子止甲午 增註 雙湖胡氏曰堯舜禹授受一中而已而吾夫子稱禹菲飲食云云何哉蓋中道之傳授心法也夫子之論又指其孝心純至者言之也禹傷父以治水殛死故直以此自任卒之建立偉績克蓋前愆至於禘黃帝而郊鯀禹之心從可諒矣故於宗廟則致其孝祭服則致其美溝洫則盡其力至飲食衣服宮室皆不暇及者其心不忍一日安於天子之常奉也味夫子無間然之言其深識禹之心者乎　禹纚長風而沐甘雨輕尺璧以惜寸陰周行天下之名山三百支流三千心剿形瘵以趨平事不僅克成偉績以蓋父愆已也後世觀河洛則思其功舞大夏則頌其德巍巍乎疇得而間之者哉

夏禹儉勤神宗告攝 註 王姓姒黃帝玄孫鯀子母有莘氏女曰修己見流星貫昴夢接意感而孕歲有二月辛丑六月六日生禹長九尺二寸儉勤如卑宮室而盡力溝洫皆是受命神宗廟受舜之禪以金德王 增註 按史記五帝本紀所記黃帝以後世數不可盡信黃帝生昌意意生顓頊頊生鯀鯀生禹一說昌意生乾荒荒生顓頊頊生孺帝帝生駱明明生鯀　按此禹非堯兄弟

玄圭告功九疇是錫 註 王治水功成乃錫玄圭　有神龜

負文而出數自一至九曰九疇【增註】黃帝時龍馬負圖出於河禹時神龜負書出於洛河圖方象洛書圓象河圖十數洛書九數洛書之數戴九履一左三右七二四爲肩六八爲足按吳越春秋禹東巡登宛委山發金簡之書按金簡玉字得通治水之理遂巡行四瀆與益夔共謀行至名山大澤召其神而問之山川脉理金玉所有鳥獸昆蟲之類及八方之民殊國異域土地里數使益疏而紀之名曰山海經

丙子紀元建都安邑【註】丙子正改歲以建寅月爲首　安邑今山西解州屬縣

鞀鐸求言和鈞貽則【註】爲銘於箕簴以待四方之士有獄訟搖鞀告以事者振鐸　箕簴所以懸樂器橫曰箕植曰簴鐸金口木舌鞀小于磬　鈞三十斤爲度和平以見人情兩平無相爭之意所以一天下之輕重也

下車泣罪鑄鼎象物【註】出見罪人乃下車泣而問之　收

九牧之金鑄九鼎以象九州圖各州地理貢賦并魑魅魍魎令民不逢不若【增註】禹左右曰罪人不順道王何痛之禹曰堯舜之人以堯舜之心爲心寡人爲君百姓各以其心爲心是以泣之

始會塗山玉帛萬國【註】會諸侯於塗山執玉帛者萬國　塗山古諸侯國在今安徽鳳陽府定遠縣【增註】今安徽壽春鎮東北有禹墓

終會會稽防風用滅【註】來朝後會諸侯於會稽有汪芒氏之君防風氏後至戮之　會稽今浙江紹興府屬縣防風氏國今浙江湖州府武康縣【增註】禹至大越上茅山大會計爵有德封有功更名茅山曰會稽會稽者會計也

啟

一有扈太康滅度【註】有扈氏狎侮五行怠棄三正王召六卿征之乃大戰於甘　扈國名今陝西西安府鄠縣

啟在位九歲崩子太康立以逸豫爲事【增註】禹娶塗山氏曰僑生啟嗣位征有扈作甘誓子太康　雙湖胡氏曰禹訓曰內作色荒外作禽荒甘酒嗜飲峻宇雕牆有一於此未或不亡太康一犯禽荒之戒而竟以失邦皇祖之訓豈欺我哉世疑五歌伯仲漢魏不及十五國風欲陵商周雅頌而上之則意淺而響浮也但玩味五歌章法雖異音節蒼涼與虞廷賡歌皆爲三百篇之權輿非漢魏所能及也　雙湖胡氏曰啟嗣位何遽有有扈之變太史公謂啟立有扈不服唐孔氏謂堯舜受禪啟獨繼父位以是不服天下之事非常目所常見者不能不起人疑叛之心至重煩王師大戰禹舜嗣位豈有是乎夫子定書而存甘誓固見啟之奮發有爲且著有扈氏不臣之罪而帝王升降之幾世會之一變從可識矣

窮羿拒之仲康承祚【註】畋於洛表十旬弗返羿因民弗忍拒於河居陽夏十歲崩在位二十九歲羿立其弟仲康承先之祚　陽夏今河南陳州府太康縣【增註】三山林氏曰羿廢太康立仲康其篡乃在相之世是則仲康猶有以制之也觀其即位之始即命胤侯掌六師以收其兵權義和之罪雖曰沈亂於酒然黨惡於羿故胤侯承王命征之以翦羿羽翼終仲康之世羿不得逞使仲康盡失其權羿之篡豈待相而後敢哉

胤掌六師未移王步【註】有義和廢職沈湎於其邑因胤國之侯命掌司馬往征之以陰鋤羿之翼作胤征之誥諭之【增註】按胤征一篇先愛後威恭莊嚴栗大得兵家之要道尊祖訓伸天討羿雖未正法誅而仲康洵禹之賢孫啟之肖子夏道之所以爲忠也

相依斟灌斟鄩同附【註】仲康在位十三歲崩子相立爲羿逐居商邱依同姓諸侯斟灌斟鄩氏斟灌斟鄩協附王相在位二十七歲爲有窮羿臣寒浞所弒　商邱今河南歸德府屬縣斟灌故城在山東青州府壽光縣斟鄩故址在山東萊州府濰縣【增註】羿與浞澆開千古弒逆之端此宇宙一大斷續之機也自從誅羿以至少康復位不見天日者六十年夏屋俱燼九州諸侯並不聞有建義殺賊之舉庸或史書殘缺而莫可徵乎今止知臣靡有鬲興師誅澆建再造之勳而不知斟灌斟鄩以身殉國寔是爲夏室柱石讀

史者其可忽諸

寒浞殺羿相亦篡弒【註】羿篡相位恃善射不修民事爲其臣寒浞弒而代之【增註】寒浞篡位夏統中絕者凡三十九年而胡氏大紀即以生少康之年爲元歲蓋少康既生則夏統不絕也

后緡歸仍少康延世【註】后緡逃歸有仍氏生少康焉少康自仍奔虞爲庖正虞思妻以二姚而邑諸綸有田一成有衆一旅能布其德而兆其謀以收夏衆　綸邑在今河南歸德府虞城縣東南【增註】雙湖胡氏曰少康崎嶇亂離之間復禹迹還舊郡祀夏配天不失舊物後之言中興者當自少康始少康其中興之賢君靡其中興之賢臣乎　十里爲成五百人爲旅

臣靡與師誅奡及豷【註】浞篡位凡三十九歲夏遺臣靡與師滅浞而立少康祀夏配天復禹舊績浞因羿室生奡及豷王命誅之

杼槐芒泄不降傳弟【註】少康在位二十二歲崩子杼立在位十七歲崩子槐立在位二十六歲崩子芒立在位十八歲崩子泄立在位十六歲崩子不降立【增註】一曰帝江在位五十九歲崩【增註】后杼后槐少康之子孫也杼英毅東征三壽國爲夏家有德之宗故展禽謂杼能師禹而子槐嗣之東夷九部稽首來歸至於曾芒玄泄纘承先緒六夷來受王爵百有餘年號爲治世非少康之餘烈耶夏一十七主唯不降在位五十九年亞於商之太戊而等於武丁周赧王亦僅事也以其子幼而傳位於弟豈心知孔甲之不肖歟賢可知矣

扃廑相從孔甲豢龍【註】不降弟扃立在位二十一歲崩扃子廑立在位二十一歲崩不降子孔甲立好鬼神之事時天降二龍有劉累者學擾龍於豢龍氏孔甲使飲食之後龍一雌死潛醢以食夏后使求之累懼而遷於魯

縣孔甲在位三十一歲崩【增註】龍爲四靈之一變化飛騰何能豢擾而臨食之必係肖龍之物非眞龍也而孔甲爲累所愚其不修德可知無怪乎天示妖孽十日並出於東陽也　帝廑四年作西音　龍漦流於庭童妾觸之皆有娠後幽王所嬖之褒姒卽龍漦所化也

皋發猶世桀作夜宮【註】孔甲子皋立在位十一歲崩子發立在位十九歲崩發子履癸立是爲桀鑿池爲夜宮男女雜處三旬不朝一鼓而牛飲三千人【增註】謚法賊人多殺曰桀非名也桀力能倒拽九牛橅梁易柱引鉤伸索握鐵流湯帝甲肆行亂政作破斧之歌是爲東音夏自不降而後五六世俱鮮令聞至孔甲而益甚金極生水運至是當休矣然必傳子皋孫發以至於桀而始亡無乃禹德之隆故夏祉不遽屋歟　桀鑿山穿陵以通於河或諫之曰洩天氣發地藏必敗帝殺之商湯遣使以幣聘伊尹於有莘進於夏桀不用歸於商出北門遇汝鳩汝方大費之裔曰費昌見二日東出焰西沈問於馮夷馮夷曰西夏東商費昌乃歸湯　費昌舜時伯益之後秦祖始此

嬖施妹喜殺關龍逄【註】伐蒙山有施氏有施氏進女妹喜桀嬖之爲瓊臺瑤室荒淫日甚有諫者輒殺之關龍逄極諫不聽龍逄乃立而不去桀殺之湯伐之放於南巢【增註】今古亡國之君代不乏人夏室履癸其罪魁也龍逄安邑人引黃圖諫桀曰吾有天下如天有日日亡吾乃亡

姒氏四百四十而終【增註】桀奔南巢三載死南巢今廬州府無爲州巢縣地　雙湖胡氏曰唐虞太和之景象也禹啟亨通之嘉會也夏商之末造其天時肅殺之秋乎湯武適當其時　天之道生於春長於夏肅殺於秋謂肅殺非天之道不可也聖人之道揖讓於唐虞家傳於夏放伐於商周謂放伐非聖人之道亦不可也聖人初何嘗容心於其間哉與時偕行而已　庸齋許氏曰堯舜有子之不肖變也堯舜能通之以揖遜而不能使已之子不朱均湯武遇君之無道變也湯武能通之以征伐而不能使夏商之無桀紂聖人遇變而通之亦惟達於自然之數一毫于己私無與焉

商　凡三十君共六百四十四年起湯乙未止紂戊寅

契支商湯夏臺旣釋【註】湯名履一名天乙姓子主癸之子

毋扶都氏契十四世孫放桀滅夏爲天子以水德王都於亳桀忌湯布德於亳桀二十二年囚之夏臺已而不能加罪釋之【增註】湯伐桀桀曰吾悔不殺湯於夏臺夏臺在河南鞏縣湯因哭龍逄而囚夏臺與文嘆鄂侯九侯而拘羑里一也秉鉞三伐苞孽盡除與武之恭行天討皆應天順人時使然也契佐舜受封於商湯有天下因以爲號商今陝西商州六七作賢君成湯太甲太戊盤庚小乙武丁帝乙

祝網稱仁始征自葛【註】王見人張網四面祝曰從天墜者從地出者從四方來者皆罹吾網湯解其三面更祝曰欲左者左欲右者右欲高者高欲下者下不用命者乃入吾網漢南諸侯聞之湯德及禽獸至矣歸之者四十餘國凡十一征自葛始因其仇餉而征之既受命載旆秉鉞以征不義【增註】金仁山曰湯武之稱王有謂文王受命稱王疑湯亦然有謂民無二王桀紂未絕則未可王者湯誓泰誓之稱王蓋追書也蘇氏則曰湯武之王不王不係於桀紂之存亡也悉謂

受命稱王其說失之僭而桀紂未絕未可王之說則又失之拘至蘇氏之說不拘然通而無制也夫湯武興師之時即是受命之日張子所謂此事間不容髮一日天命未絕則爲君臣天命絕則爲獨夫其在此時乎夫天命已屬師徒既興則桀紂皆獨夫矣豈待南朝牧野而天命始絕哉且湯武業已興師而猶自稱曰諸侯以令於衆則是以諸侯伐天子名實俱不可也然則稱王誓衆固理勢然也必謂史臣追書不幾於嫌聖人而文之哉

韋顧既誅昆吾夏桀【註】初伐韋次伐顧次伐昆吾乃伐夏桀【增註】桀三十一年商自陑征夏邑克昆吾大雷雨戰於鳴條夏師敗桀出奔三朡湯征三朡戰於郕獲桀於焦門放之南巢

伊萊作相風愆是惕【註】伊尹爲右相萊朱爲左相萊朱即仲虺夏車正奚仲之後以三風十愆訓誡後世【增註】尹名摯伊國諸侯之後堯裔也生於冀北空桑耕陳留有莘之野湯聘之薦於桀凡五適夏沃丁八年尹卒年百有餘歲大霧三日沃丁葬以天子之禮竹書紀年謂尹放桐自立太甲殺之而官其子伊陟荒謬不可信

莊山鑄金桑林自責 註 發莊山之金以鑄幣歲大旱七年乃以身禱於桑林以六事自責曰政不節與民失職與宮室崇與女謁盛與苞苴行與讒夫昌與言未已大雨作 增註 辛丑二十四年祀棄爲稷舊以炎帝子柱爲稷因旱故遷社以周棄爲稷祀 自丙申至辛丑大旱太史占之曰當以人禱湯曰吾請自當遂齋戒翦髮斷爪素車白馬身嬰白茅以爲犧牲禱畢普天大雨

濩樂冔冠毫都尚質 註 作大濩之樂冔冠名祭先聖先賢用之 色尚白湯在位十三祀建丑月爲歲首王崩太子太丁先卒立其弟外丙二祀崩弟仲壬立四祀崩太丁之子太甲立 增註 史記外丙立二年仲壬立四年聖如成湯斷不舍嫡孫而立外丙以啟後世之爭端按古人謂歲爲年當云外丙生二歲而卒仲壬生四歲而卒或訛史記之生字爲立字亦未可定如謂湯崩時丙壬止二歲四歲是湯年九十七九連生二子尚書孔序湯崩太甲元年不言丙壬又曰湯崩踰月太甲即位邵康節皇極經世書亦無丙壬名氏蓋從前定有錯誤

太甲始荒放桐率德 註 太甲顛覆典型伊尹放之于桐王徂桐宮居憂克終允德在位三十三祀崩 增註 太甲稱太宗後世帝王稱宗始此凡廟親盡則祧惟有功德則稱太祖太宗百世不祧子王子曰湯播告於衆以元聖稱伊尹愚考其大用誠聖人也有大德量大識見故能數用權而無阻禦扞格之患五就桀而桀不忌五就湯而湯不疑知桀之終不悛也創大義立大謀相湯而伐之天下不驚至湯崩相太甲典謨之後四百餘年再有五篇精微之論觀伊訓與上篇之訓王未克變營桐之役此君臣之再變也惟其實德光輝朝野服之而不疑嗣王亦竟以是率法爲商令主伊尹之用權不可學也非聖人而能之乎故古今善用權者莫如尹而善論權者莫如孟子孟子曰有伊尹之志則可孟子亦不敢以此自任也況餘人哉太甲與周成王同一中才主也非有伊周則敗度亂德誰抗世子之法然二君卒能紹前烈爲商周令主師保之功也以故後世立嫡豈必皆聖賢哉惟擇師傅爲兢兢耳

沃丁任賢太庚小甲 註 太甲子沃丁立任咎單爲相一順尹所行之事咎單皋陶後沃丁在位二十九祀崩弟太

庚立太庚在位二十五祀崩子小甲立在位十七祀弟雍己立

雍己始衰戊相伊陟 註 時商道衰諸侯或不朝在位十二祀崩弟太戊立以伊尹子陟爲相 增註 案家法而以弟繼兄啟有商一代弊端皆太庚雍己爲之倡也按此則知前並無立外丙仲壬事矣

咸扈交修祥桑枯滅 註 以巫咸爲佐臣扈亦賢相亳有祥桑穀 增註 二木共生於朝一暮大拱王懼問於伊陟對曰妖不勝德王於是大修先王之政三日而桑枯死商道復興在位七十五祀崩子仲丁立 增註 正義云巫咸吳人塚在今常熟縣西海隅山　太戊側身修行明養老之禮早朝晏退問疾弔喪三年而重譯來朝者七十六國商道大興可不謂中興之賢主乎而且歷年之永自五帝以後所未曾有非盛事哉

仲丁遷囂外壬繼跡 註 亳患河決乃遷都於囂在位十三祀崩弟外壬立在位十五祀崩弟河亶甲立 增註 按會記曰自仲丁廢嫡而立諸弟後爭相代立九世亂德以故甲子歲藍夷作寇諸侯莫朝其實商之立弟不自仲丁始但自仲丁立外壬而爭奪從此開矣

亶甲遷相次及祖乙 註 徙都於相商道復衰在位九祀崩子祖乙立商道復興 增註 仲丁後廢嫡階亂數代爭凌祖乙簡巫咸之子賢爲相撫綏保乂諸侯賓服天下太和此亦其一中興也

徙耿及邢巫賢乂續 註 徙都於耿再徙於邢以咸子賢爲相在位十九祀崩子祖辛立 增註 夏商兩代所傳尚書祇數帙耳其沃丁既葬伊尹於亳咎單遂訓伊尹事作沃丁一篇伊陟相太戊亳有祥桑穀伊陟贊於巫咸作咸乂四篇太戊贊於伊陟作伊陟原命一篇仲丁遷囂作仲丁一篇河亶甲居相作河亶甲一篇祖乙圮於耿作祖乙一篇今皆亡矣即所傳之伊訓及太甲上中下與咸有一德共五篇後儒咸以詞旨淺泛無古人抉扎沈冥之意列之湯誓盤庚間絕不相類疑非古時之書而且篇名一咸有一德彼此較量則伊尹不合自矜與湯咸有此純一之德嘻

煨燼之餘典謨散失夏商兩代之君概多賢哲而軼事皆不可考殊深浩歎

亦有南庚陽甲遞及【註】在位二十五祀崩祖丁子陽甲立時諸侯莫朝在位七祀崩弟盤庚立【增註】蘇軾曰遷亳一事民不悅而必爲之先世所未有然既圮於耿則不得不遷

盤庚改殷小辛小乙【註】還亳邑改國號曰殷行商之舊政諸侯畢朝商道復興在位二十八祀崩弟小辛立商道復衰在位二十一祀崩弟小乙立在位二十八祀崩子武丁立【增註】小乙爲太子時備知民事艱難因商道復衰難以有爲故事功不顯　盤庚三篇上篇告羣臣中篇告庶民下篇告百官族姓其上中二篇未遷時言下篇乃既遷後言左傳謂爲眞誥體也自祖辛以來大家世族安於奢侈民居多以水泉之潟鹵爲苦商祉危矣盤庚因河決而復遷亳民怨逆命且以浮言惑衆王乃引咎自責反覆開導以口舌代斧鉞忠厚之至家邦胥慶此非其一中興乎後世鮮德教而以盤庚藉口皆厲民以自用也

高相甘盤傅巖得說【註】武丁廟號高宗宅憂中以甘盤爲相　王夢帝賚良弼旁求於野得說爲胥靡築於傅巖爰立作相【增註】說以匹夫登相位此不可以常情論也有高宗傳說則可否則如漢文帝以夢得鄧通光武以謀用王梁此豈足信哉後世用人必如堯之試舜斯可矣說平陸人傅巖在虞虢之間甲寅二十有六祀古公亶父自邠遷岐復國號曰周　殷三宗太甲爲太宗太戊爲中宗武丁爲高宗　四十有一祀古公亶父生季歷竹書紀年有文丁四年周公季歷伐余無之戎克之命爲牧師七年伐始呼之戎克之十一年伐翳徒之戎獲其三大夫獻捷王嘉季歷功賜圭瓚秬鬯九命爲伯既有執諸塞庫之事

克伐鬼方祖庚祖甲【註】鬼方負固而擾諸夏伐之三祀乃克商道復興在位五十九祀崩子祖庚立在位七祀崩弟祖甲立史記帝祖甲荒淫無道商道復衰與綱鑑尙書異在位三十三祀崩子廩辛立【增註】武丁時君臣道合功成憲天以致編髮來朝鬼方亦克高堂拱堯舜之君垂席坐臯夔之相超三軼五絕後光前千古中興於斯爲最　鬼方

北胡種落不一歷代名稱各異夏曰獯鬻殷曰鬼方周曰玁狁秦漢曰匈奴唐曰突厥宋曰契丹 祖甲二十有八祀周世子季歷生子昌 初武丁欲立祖甲祖甲以廢嫡不義逃之民間及祖庚立七祀而崩祖甲乃立爰知小人之依惠保庶民不侮鰥寡以故享國永年無墜先志亦賢主也矧在兄弟爭立之朝而以謙恭遜位方諸周室之泰伯又何讓焉

廩辛庚丁雷轟武乙【註】在位六祀崩子庚丁立在位二十一祀崩子武乙立武乙無道為偶人謂之天神與之博令人為行天神不勝僇辱為革囊盛血仰而射之名曰射天後為暴雷震死於河渭之間在位四祀崩子太丁立【增註】元年徙朝歌即今衛輝 武乙當遷都河北得有玉璽其文曰水德將滅木祚方興既不知修德回天乃反戮辱天神為千古未有之奇暴河渭之震死天道赫赫哉

太丁相承延於帝乙【註】在位三祀崩子帝乙立殷益衰在位三十七祀崩子受辛立即紂【增註】紂四文王其長子伯邑考質於殷為

紂御紂烹之賜文王曰聖人當不食其子羹文王食之紂曰誰謂西伯聖食其子羹尚不知也諡法殘義損善曰紂太丁與太甲父同名古人無嫌祖孫同名也如是或作文丁帝乙庚午元祀命周公季歷為侯伯丙子七祀季歷薨世子昌嗣位壬辰二十有三祀周西伯昌生子發 帝乙先以紂母為妾而生微子啟與仲衍後立為后而生紂故帝與后皆欲立啟為太子太史謂有妻之子不可立妾之子乃立紂吁妾子既不可為君又何可以妾為后前已紊經後不達變辯言喪邦此太史也詎孤寄命之際可不謹歟紂之侈肆殘酷勝於夏桀與幽厲湯祀六百四十餘年賢聖代作紂乃自絕於天結怨於民由是岐山師興身作灰燼昔以羣賢聖維之而不足以一獨夫敗之而有餘後人鼓箕子之操誦麥秀之歌能不切齒而隕涕乎

紂嬖妲己玉門瓊室【註】伐有蘇氏獲妲己甚嬖之作奇技淫巧以悅之為玉門瓊室以居之【增註】師延作靡靡之音北里之舞

鹿臺鉅橋刳孕斮涉【註】為鹿臺厚賦斂以實之為倉鉅橋以米盈之刳孕婦以視其男女斮涉脛以視其髓

鹿臺臺名故址在今河南衛輝府淇縣鉅橋倉名故址

在今直隸廣平府曲周縣

囚箕殺干廉來是暱 註 箕子比干皆紂諸父箕子見其淫佚乃佯狂爲奴紂囚之比干強諫紂怒曰吾聞聖人心有七竅遂剖而觀其心飛廉惡來二人皆惡臣紂是信是使 增註 紂始爲象箸箕子曰今爲象箸必爲玉杯食必熊蹯豹胎他將稱是王欲求之天下殆哉

勿軒熊氏曰每讀商書至篇終紂之將亡三人寧死寧逃寧佯狂爲奴所以自靖自獻者不敢有一毫負先王之心伯夷叩馬一諫懔懔乎萬世君臣大義雖聖人復起不可易也或言微子先抱祭器奔周者非也世所謂我不顧行遯我罔爲臣僕者去而避紂耳曷嘗有去商即周之事哉歸周以存宗祀在商亡後觀比干之死固已安之箕子之佯狂後來武王下車訪道而不能臣之朝鮮長往用廣宗祀此其志爲何如哉不但此也當時商之臣民大率有不肯臣周之心大誥洛誥多方多士諸篇班班可考雖周目之爲頑在商則爲義矣所謂歷三紀而世變風移蓋當康王之世歸周且四十年壯者已老老者已死其遺播遺黎直誓死不二可以見商家一代人心風俗矣夏末之前聞也周平王以後奄奄一息猶能延至戰國時則所謂養成一代之人心風俗有王者作誠不可已也已

六百卌四子祚爰絕 註 紂資辨捷疾才力過人智足以拒諫言足以飾非性汰侈好酒色以周師陳於商郊牧野紂敗衣其珠玉衣赴火而死在位三十二祀子氏亡牧野在今河南衛輝府淇水南 增註 易稱湯武革命順乎天而應乎人孔子曰伯夷叔齊求仁而得仁又何怨蓋言湯武所以懼後世之爲君者稱夷齊所以戒後世之爲臣者道異而同雖萬世無弊焉

周

共三十七君共八百六十七年

后稷生不窋不窋生鞠鞠生公劉公劉生慶節慶節生皇僕皇僕生差弗差弗生毀隃毀隃生公非公非生高圉高圉生亞圉亞圉生公叔祖公叔祖生古公亶父亶父生少子季歷季歷生文王昌

稷始封邰公劉豳邑 註 初棄爲舜后稷封於邰賜姓姬氏傳三世爲公劉依於豳 增註 楊慎謂呂梁碑載后稷生台璽台璽生叔均叔均而

下數世始至不窋不窋傳季歷猶十有七世今讀太史公周紀云稷薨子不窋立去稷不務遂失官奔戎狄子鞠立鞠卒公劉立共四世何世系之寥寥耶蓋拘於國語十五王之說盡去台璽叔均數人以合十五之數不知國語特指其賢而有聞者非謂后稷至武王千有百年而止十五王也

古公遷岐肇基王迹【註】十二世爲太王古公亶父始居岐改國曰周太王生王季王季生文王季歷篤於行義諸侯順之

歷作牧師昌嗣西伯【註】季歷伐西落鬼戎余無始呼翳徒之戎皆克之命爲牧師　先是太伯仲雍知古公欲立季歷以傳昌太伯與弟逃之荆蠻以讓文王昌於帝乙七祀嗣季歷爲西伯【增註】見枯骨瘞之諸侯曰西伯澤及枯骨況生人乎　紂因季歷於塞庫後赦歸命爲牧伯　昌生時季秋月甲子赤雀銜丹書入於豐止於昌戶古公曰我世當有興者其在昌乎

渭水得師羑里演易【註】紂十五祀西伯出獵卜者云非龍非彲非熊非貔可得霸王之輔果遇呂尙於渭水之陽載以後車曰吾太公望子久矣故號曰太公望尊爲師尙父　紂醢九侯脯鄂侯九侯卽鬼侯西伯聞而竊歎崇侯虎告紂紂乃囚西伯於羑里西伯演易作六十四卦彖辭【增註】韓退之拘幽操曰目揜揜兮其凝其昏耳肅肅兮聽不聞聲朝不日出兮夜不見月與星有知無知兮爲死爲生嗚呼臣罪當誅兮天王聖明　崇虎譖西伯欲叛紂囚之西伯歎曰父有不慈子不可以不孝君有不明臣不可以不忠豈有君而可叛乎

獻洛除刑弓矢是錫【註】西伯臣散宜生閎夭之徒求有莘氏姜女及珍寶良馬因嬖臣費仲而獻紂大悅曰此一物足釋西伯況其多乎西伯獻洛西之地請除炮烙之刑賜弓矢鈇鉞得專征伐【增註】按世謂因賂紂而命爲伯得專征伐者非也紂

雖貪淫實猜狠之主何至得美女寶玉與洛西
地而肯釋累世之疑忌且假以征伐大權耶

虞芮質成歸國四十【註】虞芮兩國君爭田久不平乃相與朝周入其境畊者讓畔行者讓路入其朝士讓爲大夫大夫讓爲卿二君慼而相愧讓爲閑田遠近來歸者四十餘國【增註】雙湖胡氏曰嘗讀魯頌至太王實始翦商讀魯論至三分天下有其二竊歎後人不能不辭害意也始言實始翦商特謂王季文王之立由於太王以至武王有天下推原其故則翦商實自太王始耳非謂太王眞有翦商之志也孔子稱三分有二特以文王之德化所及極其廣耳豈謂三分有二之版圖誠歸之周哉且以虞芮質成之後四十餘國疆土未必爲文有特人心皆歸耳至武孟津之會不期而集者八百國豈八百國之疆土人民先爲武有哉亦心既誠服趨之如歸市耳文武之心蓋有推之而不能去逃之而不能免者矣

作豐伐崇作程伐密【註】西伯伐崇令無殺人無壞屋無塞井無伐木無掠六畜不令者殺之三旬不降攻滅之作爲豐邑而徙都　西伯問太公孰可伐太公曰密須遂自阮徂兵而及密須密人自縛其君而歸於是度程鮮原而居之

武王孟津八百來屬【註】十三年春大會諸侯於孟津伐商不期而會者八百國皆曰紂可伐矣　孟津在河南懷慶府孟縣有津【增註】書傳蔡氏曰孔氏謂武王十一年觀兵十三年伐紂是臣以兵脅君也程子曰此事間不容髮一日天命未絕則是君臣當日命絕則爲獨夫豈有觀兵而後伐之哉

白魚入舟赤烏流屋【註】武王東觀兵渡河中流白魚躍入王舟中王俯取以祭既渡有火自上復於下至於王室流爲烏其色赤

尚父鷹揚致師商牧【註】尚父隨武王伐商鷹揚而佐於牧野紂率其衆會商郊罔有敵於周師前徒倒戈一戎衣

而天下定　牧野今河南衛輝府【增註】[illegible]身佐[illegible]臣太公之鷹揚夷齊之叩馬[illegible]也太公處東海之濱進而以功業濟世伯夷處北海之濱退而以名節勵世二老者天下之大老也故各爲世辦大事可謂無負文王之所養矣按伯夷名墨允字公信叔齊名墨智字公達

封墓表閭微膠侯服【註】命閎天封比干之墓命畢公表商容之閭　比干墓在今河南衛輝府城北　微子膠鬲皆侯服於周【增註】太師庇少師彊見紂不道抱其祭品奔周後諛以微子抱器奔周　武王坦蕩公心毫無私意以視後之戮忠諫杜功勳忌先朝勝國之嗣若狠虎然天理人欲之判逈然遠矣

歸馬放牛散財發粟【註】歸馬華山之陽放牛桃林之野散鹿臺之財發鉅橋之粟

南宮遷鼎史佚展玉【註】命南宮适展九鼎於洛命史佚展寶玉於庫

歸授丹書箕疇歛福【註】王問士大夫曰有藏之約行之博萬世可以爲子孫恆者乎師尚父曰敬勝怠者吉怠勝敬者凶義勝欲者吉欲勝義者凶王聞之惕然恐懼退而爲戒遂書爲銘　訪道於箕子乃得洪範九疇皆歛時五福之意【增註】尚書帝命驗曰季秋之月甲子赤雀銜丹書入於豐止於昌舍師尚父曰道在丹書　潁濱蘇氏曰箕子不臣周曷爲爲武陳洪範曰天以是道畀之禹傳至於我不可使自我而絕以武王而不傳則天下無可傳者矣故爲箕子者傳道則可仕則不可　箕子封於朝鮮來朝過殷墟作麥秀歌曰麥秀漸漸兮禾黍油油兮彼狡童兮不與我好矣狡童指紂而言也

九府利通鎬京考卜【註】作九府之圜法通九府用　維王考卜宅是鎬京　鎬京今陝西西安府長安縣

杞宋嗣封焦陳薊祝【註】封夏后氏後於杞封紂子武庚於殷封微子於宋　杞今河南開封府杞縣宋今河南歸德府商邱縣　封神農氏後於焦封虞帝後於陳唐帝

後於祝　焦在今河南陝州陳今河南陳州府薊今順天府大興縣祝在今山東濟南府長清縣【增註】三監以殷叛成王罪之以其叛周也明郭子章以爲夷齊之流匹文王之孝子良有以夫紂誠無道武庚未聞失德如忘父之被殺而忍受殺父者之封子不孝臣豈能忠乎三監雖周至親實皆殷之遺臣忘親徇國於理爲順文王嘗曰之事商三監所習見也夷齊扣馬之諫三監所諗聞也太姒十子之中三監亦素鮮乖戾既躬承父母之聖訓而必徇弟姪以滅商興周三監心不敢安誅其父而立其子又復監以三叔在武周固已懷疑懼之心能杜殷民之無疑心乎且叩馬數語殷民無不傳述不利孺子之言何必出自管蔡倘或夷齊有監殷之責安知不遠引徐戎聯結奄淮以伸此大義耶夏室少康之興千古稱最若輔武庚而興殷又安能不以三監爲杼艾臣靡而以武庚爲少康乎拘拘以成敗爲順逆實抑仁人志士之氣惟是三監當流言播日即效夷齊微箕之遠引天下後世誰不諒其心三監特行其道而未盡善耳善乎郭子章曰王莽篡漢子宇諫死朱溫篡唐兒昱不從周固不類莽溫三監實宇與昱焉等也

周公相成管蔡致僇【註】王名誦幼沖周公旦爲冢宰總百

官以相之管叔流言於國言公不利孺子王命公東征殺鮮囚度降處爲庶人三年不齒【增註】按太姒生十男長伯邑考次武王三管叔鮮四周公旦五蔡叔度六曹叔振鐸七成叔武八霍叔處九康叔封十聃季載　初封紂子武庚一名祿父於殷使三叔相之是爲三監　吳澄曰書所謂位冢宰正百工與詩所謂攝政皆在諒陰之時非以成王幼沖而攝而其攝也不過位冢宰之位而已亦非荀卿所謂攝天子位之事也三年之喪二十五月而畢方其畢時周公固未嘗攝亦非有七年而後還政之事也百官總己以聽冢宰在殷高宗已然不特周公行之此皆論事者所當先知也

越裳指南定鼎郟鄏【註】越裳氏來朝歸迷路公賜以軿五乘皆指南之制使者載之期年至國　王既營洛邑爲東都遂定鼎於郟鄏卜世三十卜年七百　郟鄏洛池【增註】越裳王乃女子字葉柳有外國人混潰懼以神弓而降之遂納爲妻而據其國　交趾越裳氏重三譯來朝獻白雉曰天無烈風淫雨海不揚波三年矣意者中國有聖人乎　蘇軾曰大誥康誥酒誥梓材召誥

洛誥多士多方八篇雖所誥不一然大紂以殷人不心
服而作也予讀泰誓武成常怪周取殷之易及讀此八
篇又怪周安殷之難而乃知湯以下七王之德深矣方
紂之虐人如在膏火中歸周如流不暇念先王之德及
天下粗定人自膏火中出卽念殷先王如父母雖以武
王周公之聖相繼撫之而莫能禁也使無周公則亦殆
矣此周公所以
畏而不云也

叔虞歸禾縢繡司卜【註】唐叔得禾獻王王命叔歸周公於東作歸禾時有異畝同穎之瑞叔繡封於滕先爲周卜正

大武樂成禮文郁郁【註】監於二代作大武之樂

康朝酆宮諸侯大服【註】成王在位三十七年崩子釗康王立刑措不用朝酆宮之廟諸侯悅服一時皆稱平治焉

【增註】雙湖胡氏曰康王克承洪業敬恭神人四夷賓服海內晏然百姓興求禮義囹圄空虛刑措不用四十餘年有唐虞之風焉吁文武成康父子祖孫聖賢相繼者二百餘年世謂太和在唐虞成周宇宙間貞元會合之運亘千古而再見者歟

畢公保釐召公弛獄【註】命畢公保釐東郊召伯巡行南國聽斷甘棠之下後人不忍伐作詩思之　在位二十六年崩子瑕昭王立

昭漸陵夷膠舟不復【註】周道漸衰昭王南巡返濟漢漢濱人以膠膠王船中流膠液船解王溺死在位五十一年子滿穆王立

穆命君牙伯冏作僕【註】穆王命君牙爲司徒伯冏爲太僕正

【增註】君牙冏命二篇王所望於臣僕者深且長矣乃其後造父爲御周遊天下導其侈者竟出於僕御之間抑不知伯冏猶在職否

晩馳八駿呂刑訓贖【註】命造父御八駿周行天下　赤驥盜驪白義渠黃騂騮踰輪騄耳山子爲八駿　天下財

匱命吕侯作刑訓五刑有赦有贖雖大辟亦贖穆王在位五十五年崩子共王立

增註 漢張敞以討羌兵食不繼乃創爲入穀贖罪之法蕭望之等非之舜典贖刑官府學校之刑耳若五刑則未嘗贖也 造父蜚廉之裔善御得幸載穆王西遊宴於瑤池之上王母爲王謠曰白雲在天山陵自出道里悠遠山川間之將子無死尚能復來王和之曰予歸東土和合諸侯萬民均平吾顧見汝比及三年將復而野王行萬里樂而忘返四方諸侯皆賓祭於徐徐子得朱弓朱矢以爲瑞乃稱偃王王聞之命造父御歸一日而至伐徐徐子不忍鬬其民北走彭城王以趙城封造父其族遂爲趙氏 子王子曰呂刑之書律書也首以五刑創於有苗不識聖人制刑之本意予固知其爲法吏之詞也且大辟之刑而可贖則凡有干鍰之貲者皆可殺人矣烏得而不啟後世之亂哉但其盡折獄之情僞而哀矜惻怛之意猶有三代之遺風焉聖人以其世之變法之變存之於書亦以其能精察乎典獄之奸僞可以爲後世聽訟用刑之戒非以其贖刑之可取也

共王滅密懿王刺興

註 先是密康公從王涇上有三女奔之母欲致之王康公私而不獻一年爲共王緊扈滅在位十二年崩子囏懿王立王室遂微詩人作刺在位二十五年崩弟辟方孝王立

增註 康公不度德聚三女以貽傾國之禍淫且愚矣 共王因女色而滅同姓淫虐尤熾其去幽厲又何以寸史記謂懿王政衰詩人作刺考是時王風未作變風變雅中均未有序不知刺者何詩庸或删而逸之歟

孝封非子江漢堅冰

註 王好馬使非子主馬於汧渭之間馬大蕃息十三年封爲附庸之君邑之秦是歲大雨雹江漢冰牛馬凍死在位十五年崩懿王子燮夷王立

增註 雙湖胡氏曰陰陽之氣和而散則爲霜雪雨露不和而散則爲戾氣噎霾雹戾氣也陰脅陽臣侵君之象也當嬴秦始封之時而災異之見殺氣若茲履霜之兆於此見矣天道之倚伏可畏哉

夷始廢覲厲遁防民

註 元年始下堂見諸侯覲禮廢在位十六年崩子胡厲王立厲王暴虐有謗者殺之道路以目王喜以告召公公曰是防之也防民之口甚於防川

詩之變雅始作淮夷入冦諸侯不享〔增註〕金仁山曰孝王崩諸侯立懿王太子燮是爲夷王然則夷王本未必立而立於諸侯之手故爲是加禮於諸侯下堂而見之又其時王室寖衰自是遂爲例矣夷王時衞覬覦邶鄘至厲王時衞頃公始併而有焉此周之所以日衰而變風由此而作夫子刪訂首錄邶鄘衞於二南之後非僅識衞政之敝實傷王綱不振耳詩關治道之盛衰大都如此是時凡伯作上帝板板詩八章穆公作蕩蕩上帝詩八章皆刺王無道傷周室之壞也

榮夷專利王卒流汾〔註〕榮夷公好利王任之芮良夫切諫不聽卒致國人襲叛王出居于彘〔增註〕作菀彼桑柔十六章刺王

周召共和宣復中興〔註〕太子匿於召公家周公召公以太子幼沖相與協和共理國事號曰共和在位五十一年崩於彘二公奉太子靖即位是爲宣王王承厲王之烈遇災而懼側身修行致周道中興〔增註〕竹書王出亡諸侯以共伯名和者修行好賢請立爲王共不聽弗獲乃攝位十四年大旱廬火共伯退位逍遙於共山之首嘗讀六月采芑崧高烝民諸詩以之上法武成爲周室中興良不是誣無何黃鳥思復民不安居白駒謂不能留賢沔水則憂亂無已行野思適異國故雖鴻鴈美能招徠車攻喜能復古其所瞻雲漢而嗟旱魃豈眞憂民之憂也耶如后稷不克上帝不臨覺歸咎祖天與桑林自責遠甚以致馬化爲人羊化爲狐兔舞鎬京物妖人妖罔非天誡噫仲山甫之德柔嘉維則當王爲德不卒美刺雜揉忠諫不納反出而城彼東方則王之遠賢拒諫愧於殷高之旁求多矣

吉甫北伐方叔南征〔註〕北玁狁內侵逼近京邑命尹吉甫伐之逐出太原荆蠻叛命方叔南征服之

虎平江漢王旅淮濆〔註〕命召虎征淮南之國討平江漢王自將伐淮北之國王旅整於淮濆平之〔增註〕周興西北距東南最遠時淮夷倚江漢之險以爲後戶料西北將士習流其所短也故敢抗順王命名穆公虎率偏師泝江而下以故江淮之捷三代以來爲第一徐方不庭王親征以致來同故鄭樵謂六月使吉甫采芑命方叔江漢使召虎常武乃宣王自征也謂有常德以立武荊可以武爲常則不可蓋美而戒也

申伯封謝姜后脫簪【註】王舅申伯出封於謝　王嘗早卧晏起后姜氏乃脫簪珥待罪於永巷切諫使其傅母言於王曰妾不才使君王樂色而忘德原亂之興自婢子始王遂早朝晏罷卒成中興之名

末政教逆廢耤料民【註】王行政稍逆十二年不耤千畝四十年料民於太原

杜伯無罪左儒死爭【註】王將殺大夫杜伯而非其罪伯之友左儒爭之於王不許殺杜伯左儒死之在位四十六年崩子宮涅幽王立【增註】左儒曰君道友逆則順君友道君逆則順友　金仁山曰周自厲王亂政日久紀綱板蕩宣王初年有志撥亂董生謂周道粲然復興然似不克終者如廢魯嫡不耤千畝喪師南國料民太原殺杜伯大略可見其後幽王繼之不踰十年君弑國亡卒以東遷夫撥亂世反之正非百倍其功不足以興廢補弊況宣王末政止於如此哉傳謂夷厲宣幽而貪天禍不爲虛語矣

幽寵褒氏洛竭岐崩【註】后褒氏甚嬖三年涇渭洛三川皆竭岐山崩　褒國與夏同姓今陝西漢中府褒城縣【增註】時有謠曰檿弧箕箙實亡周國適有夫婦鬻此二器者王使人執之逃於道見遺龍漦之童妾所棄之女取而逃於褒褒姁有罪乃入是女於王按山桑曰檿弧弓也箕草名可結爲箭箙

廢后太子驪山殞身【註】褒氏欲立子伯服乃與虢石父比譖而廢申后及太子立褒氏爲后伯服爲太子宜臼廢出奔申王至申欲殺太子申侯弗與與犬戎伐王殺之於驪山下在位十一年崩　驪山在今陝西西安府臨潼縣【增註】褒氏喜裂繒聲又不喜笑乃大舉烽火諸侯悉發兵來救至則無寇褒氏乃大笑至是犬戎內侵王復舉烽火兵皆不至　當夏之衰也神化爲二龍伺於王庭卜請其漦而藏之及厲王之末發而觀之化爲元龜童妾遭之而孕不夫而育懼而棄之逸於褒褒人入是女於王豔妻煽禍買笑傾城卒焉驪山授首血染腥疆岐豐數百年社稷蕩爲黍離吁可不戒哉山海經黃帝子龍苗生融吾吾生弄明明生子曰白

犬犬有二牝牡子孫蕃育號曰犬戎周時獫狁即犬戎也

攜王奸命殺於晉文 註 申侯立平王於申虢公立王子余二王並立余爲晉文侯所殺是爲攜王 增註 魯惠公使宰讓請郊廟王使史角往公止之其後在魯於是有墨翟之學魯之用郊始此　平王策晉文侯之命一則曰父義和再則曰惟祖惟父三則曰父義和汝克昭乃顯祖是明明父他人之父而忘犬戎之殺而父矣不稱名而稱字不伯叔而父之祖之名不正言不順前此訓誥寧有是乎易曰中心慚者其辭枝文侯之命是也殆猶大雅召旻小雅之何草不黃夫子存此以稽世變歟按文侯名仇字義和

平王遷洛地入於秦 註 平王遷都洛邑以岐豐地賜於秦在位五十一年崩孫林桓王立　洛今河南河南府洛陽縣 增註 東坡曰周自平王至於亡非有大無道者然終不振則東遷之過也武王始營洛居九鼎成王周公成之而周實都豐鎬今平王棄故都譬之富家子孫一敗而鬻田宅又安能自立哉凡避寇而遷未有不亡雖不即亡未有能復振者使平王收豐鎬遺民而修文武成康之政以形勢臨東諸侯齊晉雖强未敢

貳也秦何自霸哉周之失計未有如東遷之謬者也王以豐鎬逼近戎狄東遷於洛王室微弱號令不行政由方伯遂成春秋之世矣王四十九年即魯隱公元年詩降爲風而春秋由此作

桓莊釐惠齊桓伯興 註 桓王在位二十三年崩子佗莊王立在位十五年崩子胡齊僖王立在位五年崩子閬惠王立在位二十五年崩子鄭襄王立　僖王三年齊桓公始霸 增註 乙酉秦文公夢黃蛇自天下屬地其口止於鄜衍即今鄜州史敦曰此上帝之徵乃僭作高田畤祀上帝僭端開矣　胡文定曰春秋時以諸侯而主天下會盟之政自齊北杏始其後宋襄晉文楚莊秦穆交主夏盟跡此而爲之也桓非受命之伯諸侯自相推戴以爲盟主是無君矣然當時上無天子下無方伯有能會諸侯安中國而免民於左衽雖與之可也與桓公者權也　齊桓會諸侯盟於首止定太子鄭之位

楚强宋敗晉世夏盟 註 桓王十六年荆楚始稱僭王後敗宋師於泓又圍宋宋告急于晉晉文公敗楚于城濮遂爲

中夏盟主文公霸五年襄公七年靈公十四年成公七年景公十九年厲公八年悼公繼霸十五年平公二十六年昭公六年頃公十四年定公六年失諸侯于名陵

凡霸一百二十七年【增註】晉文盟踐土納王殺王子帶宋林少穎曰王風絕於莊齊霸起於僖王霸興衰之機在此二王時也厥後晉宋秦楚遞相效尤霸道興王綱廢東周尚可為耶金仁山曰晉文霸功不及齊桓之盛而晉世主夏盟齊桓霸止其身蓋桓之家不治而文之家治也有國者可知治亂之本矣

襄頃匡定共主簡靈【註】襄王在位三十三年崩子壬臣頃王立在位六年崩子班匡王立在位六年崩弟瑜定王立在位二十一年崩子夷簡王立簡王在位十四年崩子泄心靈王立在位二十七年皆為天下共主【增註】靈王生而有髭簡王時五霸甫息楚巫臣奔晉使吳教戰滋事夫句吳十七世不通上國自巫臣說吳以後日事兵爭六傳而滅則說士傾覆人國不甚險乎

庚戌子月孔子生昌平【註】靈王二十一年庚戌十一月庚子生孔子於魯昌平鄉陬邑【增註】周十一月夏九月也第是年九月無庚子庚子在八月念七考孔氏家譜及祖庭記實今夏正之巳酉年八月二十七日為先聖誕又祖庭記孔聖忌辰為四月乙丑實今夏正之二月十八日史記曰孔子之先宋人也曰孔防叔生伯夏伯夏生叔梁紇紇娶顏氏女名曰徵在禱於尼邱魯襄公二十二年生孔子齊臧榮緒每於庚子日陳五經而拜宣聖

亦有老子作道德經【註】時柱下史老子名聃作道德經五千言【增註】李耳字聃為周柱下史幽王時涇渭洛三川震伯陽父曰周將亡矣云云是幽王時已有其人至東周靈王時隔二百餘年矣伯陽父即老子也史記老莊申韓列傳言老子二百餘歲即李儋信歟按老子父名乾字元杲楚苦縣厲鄉曲仁里人娶洪氏曰嬰敷感飛星而孕八十年夜半剖左腋而生聃曰玄祿生而能言墮地即行七步黃面皓首故曰老子耳七十二參漏故名耳邑於苦縣之賴鄉乃萊也故又曰老萊子孔子至楚時已二百五十餘歲戲綵母前後孔子後十九年聃入秦西歷流沙壽四百有四十後不知

所終
景傳悼敬朝亂奔荊【註】靈王崩子貴景王立在位二十五
年崩單子劉子以太子聖卒立次子猛爲悼王王子朝
作亂單劉奉王如皇晉納王於王城王卒大夫奉王弟
匄爲敬王敬王居狄泉尹氏立王子朝爲召伯盈所逐
遂居荊楚至十五年殺之在位四十四年崩子仁元王
立【增註】靈王子晉一名喬好吹笙作鳳鳴遇浮邱伯仙子而去於是立弟貴爲太子　敬王三十九年
庚申魯西狩獲麟孔子春秋絕筆以不世出之聖周流七十二國一無所遇終致泣麟歎鳳木壞山頽彼蒼無
意東周千百世哲人其萎止傷吾道之窮也悲夫
元王貞定哀思考爭【註】元王在位七年崩子介貞定王立
在位二十八年崩子去疾哀王立哀王立三月爲弟叔
弒而自立是爲思王五月少弟嵬弒之自立是爲考王

在位十五年崩子午威烈王立
至於威烈七國交征【註】是時齊楚燕韓趙魏秦爲戰國七
雄日尋干戈以相征討威烈王在位二十四年崩子驕
安王立【增註】威烈命晉大夫魏斯趙籍韓虔爲諸侯周室衰微徒擁虛器號爲天下共主綱目託
始於此春秋託始於隱有感於平王之無父紫陽綱目託始於威烈有感於三晉之無君二書振綱扶紀實垂
戒萬世也　安王命齊大夫田和爲諸侯
歷安烈顯衛鞅入秦【註】安王在位二十六年崩子喜烈王
立在位七年崩弟扁顯王立　衛公孫鞅聞秦孝公欲
強秦入爲左庶長盡變法令教秦廢井田開阡陌以強
秦伐魏平之獻河西之地秦封以商於十五邑號商君
王在位四十八年崩子定慎靚王立【增註】三代歷年惟周爲永實賴
封建之勢分諸侯各自吞噬狼顧脅息無暇肆志於周耳否則秦矯而郡縣之何至二世而卽亡也蓋周以封

建而王室不振亦以封建而國祚始縣論者平心察之

慎靚及赧東西兩君 註 慎靚王在位七年崩子延赧王立在位五十九年爲秦昭襄王所滅於是西周亡 考王元年封弟揭於河南曰桓公傳威公惠公公長子曰西周公少子傑封於鞏號東周至赧王滅西周遂亡而傑保遺民事周宗廟社稷在位七年爲秦莊襄所滅 增註 楚頃襄欲圖周王使東周武公謂令尹昭之曰西周之地不過百里而名爲天下共主裂其地不足以肥國得其衆不足以勵兵而攻之者名爲弑君然猶有欲攻之者其祭器在焉故也夫虎肉臊而兵利身人猶攻之若使澤中之麋蒙虎皮人攻之必萬倍於虎矣裂楚之地足以肥國詘楚之名足以尊主今子欲誅殘天下共主居三代之鼎鼎南則兵至矣楚計遂不行

四豪好客蘇張從橫 註 齊孟嘗君田文楚春申君黃歇趙平原君勝魏信陵君無忌俱食客三千 蘇秦連燕趙韓魏齊楚六國爲從約長并相六國合從拒秦張儀約燕韓趙楚齊爲連橫以事秦 增註 司馬溫公曰君子之養士以爲民也今田文君之祿以立私黨張虛譽上侮其君下蠹其民是姦人之雄耳書所謂逋逃主萃淵藪此之謂也王安石曰世稱孟嘗君能得士士以故歸之而卒賴其力以脫於虎狼之秦嗟乎孟嘗特雞鳴狗盜之雄耳豈足以言得士不然因齊之强得一士焉可以南面而制秦尚何取雞鳴狗盜之力哉雞鳴狗盜之出其門此士之所以不至也 司馬溫公曰從橫之說雖反覆百端然大要合從者六國之利也使六國能以信義相親秦雖强暴安得而亡之哉夫三晉者齊楚之藩蔽齊楚者三晉之根柢故以三晉攻齊楚是自絕其根柢也以齊楚攻三晉是自徹其藩蔽也安有徹其藩蔽以媚盜曰盜將愛我而不汝攻哉 蘇老泉曰六國破滅非兵不利戰不善弊在賂秦賂秦而力虧破滅之道也何則諸侯之地有限暴秦之欲無厭奉之彌繁侵之愈急故不戰而强弱勝負已判至於顛覆理固宜然齊人未嘗賂秦終繼五國而滅何哉與秦而不助五國也五國既亡齊亦亡嗚呼以賂秦之地封天下之謀臣以事秦之心禮天下之奇士并力西向則吾恐秦人食之不得下咽也悲夫

申韓刑法頗牧用兵 註 申不害本於黃老而主刑名韓非

喜刑名法術之學亦歸本黃老　廉頗趙良將李牧亦趙北邊良將俱善用兵

連屬高蹈斌況守經【註】魯仲連義不帝秦平原君欲封之連辭去顔屬不慕勢齊宣王欲與游屬謝去　孔斌爲相有治才楚以荀況爲蘭陵令嘗與孝成王論兵

孟闢楊墨大道以明【註】時楊朱墨翟之言盈天下孟子乃述唐虞三代之德聖道以明【增註】孟子魯公族孟孫後父名敫字公宜母仉氏居鄒爲鄒人仉音掌名世奇英篤生斯世奈君非湯武誰識伊周徒羈旅於齊魏之區二十三年所謂卑禮厚幣以招賢養弟子以萬鍾亦止如此尹起莘云好畫龍而不好眞龍者良可悵也　孟譜孟子生時母夢神人乘雲自泰山來凝視良久忽片雲墮而寤里中見有五色雲覆孟氏居云　按孟子生於周定王卅七年四月二日卽今之二月二日也

姬服九百一統秦并【註】周八百六十七年東周君七年七雄戰國二十八年共九百有二年秦滅西周遷其君於𢙿狐聚滅東周遷其君於陽人聚天下一統爲秦所并周過八百之歷豈不信哉【增註】𢙿音悍

秦

凡十五年起始皇帝二十六年庚辰終三世子嬰甲午【增註】呂政之虐萬桀紂而千幽厲但變從前之制其間變所當變與變所不得不變者如先王之分田制祿二十授田六十歸田則土地非人民所得有秦則按畝科征聽民轉易自漢至今未變也先之受采分封各君其國各子其民則民人非天子所得治秦則六合而盡歸版圖自漢至今未變也在先由田賦出兵則兵卒非將帥所得籍秦則兵以衞民民以養兵自漢迄今尤難變也居今日而能塹山堙谷以復井田乎割州破縣以仍封建乎寓兵於農爲武備而世卿任子以取士乎原秦之虐固非立法以利後人而法經久必變者實未可因秦而廢其法蓋秦之更制爲轉移古今一大樞紐也

秦起伯益賜氏爲嬴【註】秦始祖伯益唐虞時爲虞官賜姓嬴氏傳七氏至非子爲孝王主馬之官封爲附庸邑之

秦於是漸益昌大【增註】秦祖柏翳實蜚廉惡來之遺孽也車鄰駟驖之風性使然耳葭蒼露白景色悽其天以奇貨予不韋而嬴氏遽斬於呂政不韋斯高輩其廉來之幻身耶

昭襄吞周呂政嗣興【註】傳二十九世至昭襄王滅周　傳孝文王莊襄王納呂不韋之妾生子政王薨政冒嬴姓嗣位

南平百粵北築長城【註】略取南越地盡平之　命將軍蒙恬北築長城延袤萬餘里　百粵今廣東廣西兩省地【增註】賦民之法使吏到其家因人頭之數會計其穀以箕收斂之謂之頭會箕斂時語云長城築怨阿房築愁　南湖丁氏曰始皇所爲事事皆惡但築長城以限華夷可謂功在萬世議者不取其功唯責其殃民之罪則所謂王公設險以守國者非耶城一也在萬世則衛民而使之生在始皇則殃民而使之死在萬世則爲華夷之嚴限在始皇則爲華夷之厲階在萬世則所以保其治在始皇則所以速其亡

罷侯置守皇帝自尊【註】長城起臨洮至遼東　不封諸侯分天下爲三十六郡郡置守尉監從李斯之請也有一萬幾千里　政自以爲德高三皇功高五帝乃更號曰皇帝　按二字本尙書皇帝淸問下民【增註】四年戊午始行納粟拜官之事後世捐納自此始　政自稱爲始皇帝後爲二世三世至於萬萬世　三十六郡內史北地隴西上郡九原三川碭郡潁川南陽邯鄲上谷鉅鹿漁陽右北平河東上黨太原代郡雁門雲中遼東遼西東郡齊郡薛郡琅邪泗水漢中巴郡蜀郡會稽九江鄣郡南郡長沙黔中後平百粵立四郡曰閩中南海桂林象郡共四十郡

焚書坑儒鑄鐻銷兵【註】侯生盧生相與譏議王王怒坑諸生四百六十餘人於咸陽燒詩書百家語所不去者醫藥卜筮種樹之書　收天下兵聚咸陽銷以爲鍾鐻金人十二各重千石置宮庭中【增註】李斯請燔詩書百家語士欲學法令者以吏爲師詔曰可　斯楚人荀卿弟子也　政好讀書作文如禪鄒嶧登泰山上之罘立如許功德碑記皆奇文奇字彼蓋視天下無可讀之書以故讀一卷卽燒一卷焚坑之孽兆於處士橫議之時夫固有所以使之者乎

阿房未就沙丘殞身【註】營朝宮作前殿阿房隱宮徒刑作者七十萬人東巡至沙丘遂崩尸腐臭【增註】初有使者過華陰道有人持璧言曰爲我遺滈池君今年祖龍死忽不見使者以聞政曰山鬼不過知一歲事視璧則二十八年渡江所沉者

斯高矯詔胡亥稱尊【註】中軍府令趙高與丞相李斯矯詔立少子胡亥爲太子是爲二世皇帝二年爲趙高弑子子嬰立爲三世初降漢後項羽殺之【增註】初始皇使盧生浮海求羨門子高之徒還奏錄圖書曰亡秦者胡乃築長城使蒙恬將三十萬衆伐匈奴以備胡詎知亡秦者胡亥高嘗言關東盜無能爲及項羽破章邯二世詰責高高懼誅使其壻閻樂率兵逼之二世自殺於望夷宮後李斯與高有隙高譖之斬東市高指鹿爲馬以欺二世人不敢言

殺戮太子專尚嚴刑【註】二世數太子扶蘇以不能立功又上書誹謗怨望矯詔賜死　趙高阿二世意律務深刻

公子十二人戮死咸陽市中十公主矺死於杜【增註】初扶蘇諫始皇曰諸生誦法孔子今以重法繩之臣恐天下不安始皇怒使監蒙恬軍始皇崩李斯與宦者趙高矯旨立少子胡亥賜扶蘇蒙恬死

東吳首難燕廣韓成【註】楚人項梁起兵於吳爲首難　趙將韓廣自爲燕王項梁立韓公子成爲韓王【增註】史記始皇東遊至陽武韓人張良令力士狙擊始皇於博浪沙中誤中副車瓊山邱氏曰子房狙擊始皇未逾年始皇死自此陳勝吳廣之徒相繼而起是褫祖龍之魄倡羣雄之心皆子房一擊之力也南軒張氏曰子房蓋有儒者氣象三代後未易得也五世相韓篤春秋復讐之義始終以之其狙擊呂政非輕舉也蓋此心苟得以一擊而遂則亦慊矣

魏咎及豹齊儋至橫【註】周市立魏公子咎爲魏王楚立魏豹爲魏王　齊人田儋自立爲齊王沒假立卒市立卒都立卒安立卒榮立卒廣立卒橫立而亡

趙武臣歇楚項爲尊【註】趙將武臣自爲趙王趙將張耳陳餘立趙歇爲王　項梁兄子羽自立爲西楚霸王【增註】羽名籍下相人力能扛鼎才器過人少時學書不成去學劍又不成其叔梁怒之羽曰書足記姓名而已劍一人敵不足學當學萬人敵梁乃教羽兵法與起兵渡江而西

望夷過弒討賊子嬰【註】趙高使壻閻樂將兵至望夷宮數二世曰足下無道受丞相命誅足下二世自殺高乃立二世之子子嬰爲皇帝　子嬰刺殺趙高【增註】秦建宮臨涇水以望北齊故曰望夷　子嬰曰高殺二世恐羣臣誅乃佯以義立我我稱病彼必來來則殺之

繫組降漢計十五春【註】漢沛公至霸上子嬰奉璽符節以降計政二十六年稱帝至三世子嬰止共十五年秦亡【增註】或勸高祖殺子嬰帝曰始懷王遣我固以能寬容且人已降矣殺之不祥乃以屬吏

荆溪任啟運輯　邑後學吳兆慶纂註
族孫麟徵增註

漢　西漢凡十三主共二百一十一年起高帝元年乙
未終平帝元始五年乙丑　東漢凡十二主共一
百九十五年起光武建武元年乙酉終獻帝建安
二十四年己亥　蜀漢凡二主共四十三年起辛
丑止癸未　辛丑魏文帝黃初二年癸未魏元帝
景元四年吳景帝永安六年通共四百五十九年

增註 高祖隆準美髯左股七十二黑子嘗匿芒碭
山有紫雲蓋上先呂氏攜二子耘田有老人
相孝惠曰夫人之貴以此子帝
追問之亦曰貴不可言遂不見

漢祖承唐始入咸陽 註 高祖姓劉名邦字季沛人帝系出
自唐帝降及於周在秦作劉　西入關中 增註 高祖一
泗上亭
長耳起兵與項羽共逐秦鹿卒有天下都長安帝初欲
都洛陽以婁敬言遂都關中　帝豁達大度寬仁愛人
好謀能聽知人善任五載而成帝業雖日不暇給規模
宏遠矣然不事詩書禮文制度大抵襲秦所以漢治不

能復古　顧迴瀾云當日分羹擁篲則非孝溺愛戚姬
則非義欲易太子則非慈封三庶孽則非制返羽固陵
則非信偽遊雲夢則非誠被圍平城則非智結親冒頓
則非正菹醢功臣則非仁嫚人少禮則非敬侯封戛羹
則非厚誠道德之不純
無學術以磨礲之耳

五星聚井約法三章 註 元年五星聚於東井　與父老約
法三章殺人者死傷人及盜抵罪餘悉除秦苛法

蕭收圖籍酇策敖倉 註 蕭何收丞相府圖籍藏之始知天
下戶口阨塞强弱多寡之數　酇食其爲策據陳留敖
倉之粟以充軍實 增註 呂氏問曰蕭何死當誰代帝曰
曹參可問其次曰王陵可然少
戇陳平可以助之平智有餘難獨任周勃厚重少文然
安劉者必勃也陳仁錫曰帝不託天下於平勃而託平
勃於后妙意莫測如圍棋
高手數十着後方知其用

楚弒義帝董說發喪 註 項籍密使吳芮黥布擊殺義帝於
江中　新城三老董公遮說帝帝爲義帝發喪 增註 帝
告

諸侯曰天下共立義帝今項羽放殺之寡人悉發關中兵收三河士願從諸侯王擊楚之殺義帝者三十六字氣力醇厚西漢詔令第一　義帝楚懷王孫心少貧賤爲人牧羊諸侯共尊爲義帝　羽世爲楚將北面事義帝大義已定何得而殺之況羽矯殺卿子冠軍宰割天下率徇己私義帝不能誅羽而羽反弒帝其惡可勝誅哉許庸齋曰董公請發喪使沛公激發天下大機括而順德逆德之詞昭然與日月爭光豈蕭何文墨議論之比以子房號爲帝師亦未有此大計也

陳平六出隨使九江【註】陳平從帝征伐凡六出奇計九江王黥布與項王有隙帝使隨何說之令布發兵背楚歸漢【增註】集覽陳平請捐金行反間一計也以惡草具進楚使二計也夜出女子兩千人解滎陽圍三計也躡足請封齊王信四計也請僞遊雲夢縛信五計也使間厚遺閼氏解白登圍六計也　郭大有曰平佐高祖其功雖多然不過襲戰國詭譎之餘風漢治雜霸平倡之也他日呂后問身後事帝獨舉陵勃而不及平有以窺其心術之不正矣

登壇韓信銷印張良【註】蕭何薦信帝築壇拜爲大將　帝信酈食其言刻印立六國後方食良至具言有不可者八帝罵曰豎儒幾敗乃公事趣銷印

滅羽垓下即位氾陽【註】五年冬圍項羽於垓下追至烏江自刎　帝即皇帝位於氾陽【增註】三代而下惟漢得天下爲正誅無道秦一也討項籍罪二也天下已定始即尊位三也垓下在鳳陽府靈璧縣烏江在今和州城北氾陽在山東曹州府秦章邯降羽羽夜坑其卒二十餘萬屠咸陽掘始皇塚燒秦宮室火三日不滅尊范增爲亞父而不能用其言至兵圍垓下羽聞四面皆楚歌驚曰漢已得楚漢軍乎何楚人之多也乃起飲帳中與所幸虞姬別潰圍出謂其下曰吾起兵八歲七十餘戰未嘗敗北今卒至此此天亡我非戰之罪也至烏江有亭長艤舟待曰江東雖小亦足王也願大王急渡羽歎曰籍與江東子弟八千人渡江今無一騎還縱江東父老憐而王我何面目見父老乎吾聞漢購我頭千金我與若富貴遂自刎

斬丁赦季侯齒什方【註】季布母弟丁公爲羽將數窘辱帝帝急曰兩賢豈相厄哉丁公引還及羽滅丁公謁見帝

曰丁公不忠使項王失天下斬之季布亦爲羽數窘帝項滅帝購布千金滕公曰布何罪臣各爲其主耳乃赦布名拜郎中　雍齒帝所最憎封爲什方侯以安羣臣之心

陸賈新語叔孫太常【註】大中大夫陸賈時時帝前稱說詩書帝曰試爲著秦所以亡漢所以興及古今成敗事賈乃祖述存亡之徵十二篇帝曰善號新語　帝厭羣臣飲酒爭功喧呼失禮博士叔孫通請定朝儀諸侯朝賀無敢喧譁帝悅拜通太常【會註】楊龜山曰通欲徵魯諸生共起朝儀有兩生不從夫以通量高帝所能以爲禮阿世苟合其道不足尚也不從誠宜然天下新定朝廷間皆武夫壯士以至醉或妄呼拔劍擊柱其漸烏可長哉故通所欲起者朝儀而已非如先王之制作也二生亦過拘矣　李西涯曰漢世守成之功臣賈其魁首乎新語未奏之先帝不知尊太公新語既奏之後帝遂能尊孔子然則漢之文教賈啓之也況和平勃誅諸呂其功尤偉太史公乃以辯士目之冤哉　叔孫通定朝儀東漢章帝時博士曹褒定漢禮一代大典乃出此兩人之手君子惜之　司馬温公曰禮之用大矣豈直几席之上戶庭之間而已哉以高祖之明達誠得大儒佐以禮或者希蹤三代惜乎叔孫通之器小也徒竊禮之糟粕以諧俗取寵遂使先王之禮淪沒至今豈不痛甚矣哉

呂后強悍韓彭殞亡【註】陳豨反韓信與通謀呂后紿信入斬之或告彭越反徙於蜀呂后白帝誅之【增註】莽之篡禍由王后沿及東漢如章帝之竇和帝之鄧安帝之閻順帝之梁桓帝之竇靈帝之何無一不釀成喪國之胎漢高開國之初漫無端本之化蕭曹張王諸人亦無一計及此惜哉

四皓定惠人彘感傷【註】帝欲廢太子立戚夫人子趙王如意張良爲后策招商山四皓從太子入朝上驚得不易在位十二年崩子盈惠帝立惠帝在位七年崩呂后酖殺趙王如意斷戚夫人手足去眼煇耳飲瘖藥使居厠

中命曰人彘增註后名孝惠觀人彘帝驚泣曰此非人所爲兒爲太后子終不能治天下因得疾未幾崩班固贊曰孝惠親親尊賢優寵齊悼趙隱可謂寬仁之主遭呂太后虧損至德悲夫東園公角里先生綺里季夏黃公河內軹人時稱四皓胡致堂曰善乎子房之能納說也不先事而强聒不後事而先幾故聽之易而用之不難也至於招致四皓以安太子則其績尤偉而司馬公乃致疑焉以爲若實有此是子房爲子植黨以拒父也夫高祖之雄傑豈四叟所能抗而大臣力諫之强豈不賢於四叟之助嗚呼是未知春秋深許首止之盟而易有納約自牖之象也

高后稱制產祿以王註太后臨朝稱制立兄子呂產呂祿爲王增註后欲王諸呂右丞相王陵曰高祖刑白馬盟曰非劉氏而王者天下共擊之后名雉字娥姁歷代以女后稱制壞亂朝綱呂雉始作俑者

平交周勃灌結齊襄朱虛奮劍迎立代王註太后崩諸呂作亂丞相陳平太尉周勃大將灌嬰齊王襄朱虛侯等矯節入其軍見軍中皆左袒朱虛侯擊殺產祿誅諸呂

立高帝子代王恒增註薄姬所生封於代陳平周勃深相結以圖諸呂高祖嘗言勃厚重少文然安劉者必勃也初陳平阿太后王諸呂以大言欺王陵及諸呂用事畏禍及己殊無一策匡救幸得陸賈之教交懽周勃竊取安漢之名四明黃氏言平爲漢初罪魁豈不然哉

孝文恭儉始策賢良註文帝恭行德化勤儉愛民二年始策賢良方正增註文帝善政美令相望於册三代而下守成令主應推第一雖寵鄧通信方士新垣平不無仁者之累然目通爲弄臣不授以事權得以伸丞相申屠嘉之法誅新垣平而卒不受其愚所謂君子之過如日月之食更也人皆仰之矣嘗欲起露臺召匠計之直百金帝曰百金十家之產吾奉先帝宮室常恐羞之何以臺爲所幸愼夫人衣不曳地帷幄無文繡

三賜田租六勸農桑喪服哭舅金錢愧張註將軍薄昭文帝之舅有罪不忍加誅使羣臣喪服往哭薄昭乃自殺張武受賂遺覺加賜金錢以愧其心

肉刑笈免南越來王註齊太倉令淳于意有罪當刑少女

緹縈上書曰死者不可復生斷者不可復續雖欲自新
其道無由帝憐之用其言作詔除肉刑　南越王趙佗
稱帝犯長沙帝遣太中大夫陸賈賚書賜之曰朕高皇
帝側室之子佗感改帝號稱臣奉貢【增註】朱沛國曰人主不能行法
能容臣守法而後人主之勢尊人臣奉法能不容人主
撓法而後人主之法信文帝非有震世之威而人莫之
褻者以其能容守法而不撓也夫大中大夫中二千石
至貴也一戲殿上則丞相得以檄召而議斬太子君之
貳藩王君之愛子一不下司馬門則六百石之宮車令
得以劾奏而遮留中郎將小臣也得以妃妾之分而撤
夫人之坐席軍門都尉冗官也得以將軍之令而遏天
子之乘輿人臣執法不以天子之故而喪其所守人主
用法不以人臣之微而撓其
所執此漢室之所以興隆也
勞軍細柳論將馮唐【註】周亞夫次軍細柳帝親勞之成禮
而去　馮唐論雲中守魏尚之無罪帝悅拜唐車騎都
尉

短喪易制禮樂未遑【註】帝在位二十三年崩遺詔令吏民
出臨三日皆釋服臨者大功服十五日小功十四日纖
七日釋服歸夫人以下至少使皆遣歸家太子啟立是
爲景帝　帝所少者禮樂耳【增註】胡致堂曰孝文溺於
小仁短喪廢禮信有
罪矣然而行有悖於義雖有父命不可從也況三年之
喪所以盡生者之孝心又非父之所得而令也然則孝
景之薄於君親
其罪亦大矣
景承富庶加意農桑【註】承高帝文帝之業有詔勸農桑爲
天下之本復收民半租三十稅一吏民采黃金珠玉者
坐贓爲盜二千石聽者同罪【增註】綱鑑謂文景可方成
康按漢以高文武宣
光武明章爲七制帝尚不能入何能上法成康帝天
資刻薄殺晁錯廢薄后殺太子榮獄周亞夫豈可與文
帝同日語哉然觀其從田叔之言置梁事於不問以安
太后心中五年以後書恤刑之政三亦未可厚非也
申屠嘔血七國陸梁【註】太子家令鼂錯以內史門東出不

便更穿一門南出卽太上皇廟堧垣也丞相申屠嘉奏
請誅錯錯聞恐夜入宮自歸上至朝嘉請上曰錯所穿
乃外堧垣故冗官居其中且我使爲之無罪嘉罷朝曰
吾悔不斬錯乃爲所賣嘔血而死　帝用錯策削弱諸
侯一時吳楚膠東膠西菑川濟南趙七國反條侯周亞
夫討平之【增註】時吳楚七國勢無異奄淮徐戎亞夫三月滎陽功何減東方破斧乃終不得其死則景之殘忍寡恩槪可知矣　越雪航曰錯於文帝時四上邊事皆有條理可謂有用之文章矣而乃以申韓刑名之學峭直深刻以教太子當時賈誼上書言三王教世子之道最爲詳切蓋知錯所教非王道也故景帝卽位卒啟七國之變袁盎以私隙陷之卒受覆滅之禍蓋其平日以刑名導景帝爲刻薄事不虞自罹其酷也後之人臣可不以錯爲戒乎

廢后易儲條侯是戕【註】皇后薄氏以無寵廢長公主嫖欲
以女嫁太子榮其母栗姬不許由是公主日讒姬帝銜
之會后廢大行請立姬爲后帝怒誅大行【增註】大鴻臚之屬官卽今行人
廢太子爲臨江王　帝名周亞夫賜食獨置大胾
無切肉又不置箸條侯不平顧謂尚席取箸出上目送
之曰鞅鞅非少主臣後其子爲人所告事連條侯召詣
廷尉不食而死
孝武雄略仲舒首擢【註】景帝在位十六年崩太子徹立是
爲武帝帝雄才大略自古帝王未有年號帝始建元
首擢董仲舒爲江都相【增註】帝以賢良方正策士仲舒進天人三策　建元元光元朔元狩元鼎元封太初天漢太始征和後元皆武帝年號　自秦以十月爲歲首漢興未遑改朔至是議建夏正以寅月爲歲首
汲黯直言公孫曲學【註】主爵都尉汲黯性剛直每面折帝
過帝不冠不見黯　公孫弘以賢良擢第一拜博士齊

人轅固年九十餘弘仄目視之固曰子盍務正學無曲
學以阿世【增註】大將軍衛青貴重黯與抗禮人尤之黯曰大將軍有揖客顧不重耶上稱爲社
稷臣後出爲淮陽太守辭上曰君薄淮陽耶但臥而治之行見召矣　黯曰陛下內多欲而外施仁義奈何欲
效唐虞之治乎　呂東萊曰漢武踞廁見衛青不冠見公孫弘唯於黯不冠不敢見其胸中涇渭亦明矣然其
所尊非所任所任非所尊其故何也人情愈敬則愈疏愈狎則愈親武帝之於君子外合而中離於小人外薄
而中厚世謂武帝能尊汲黯賤衛青吾未之深信黯字長孺濮陽人爲謁者使河內矯詔發粟賑飢民上賢之

皐朔滑稽萬石謹恪【註】枚皐東方朔好詼諧滑稽玩世
大中大夫石奮無文學而恭謹後徙諸侯相長子建次
甲次乙次慶皆以馴行孝謹官至二千石帝號奮爲萬
石君以奮亦二千石也【增註】廣博物志張少平妻田氏少平卒氏寡居忽夢一人
自天下因而懷孕乃曰無夫而孕人聞棄我也徙於代依東方五月朔旦生一子因名之曰東方朔字曼倩平
原厭次人以滑稽侍帝以俳優畜之然時能直諫後以老病卒　上以安車蒲輪迎申公年八十問治對曰爲

治不在多言顧力行何如耳

司馬文章河間雅樂【註】司馬相如以詞賦得幸司馬遷著
史記　河間王德修學好古元光五年來朝獻雅樂【增
註】班固曰昔魯哀日寡人生深宮之中長婦人之手未嘗知憂懼信哉斯言也雖欲不危亡不得也漢諸侯
王以百數率多驕淫失道何則其居使之然也夫惟大雅卓爾不羣河間獻王近之矣

定令趙張將兵衛霍【註】詔中大夫趙禹大中大夫張湯定
律令　元狩四年遣大將軍衛青霍去病將兵擊匈奴
凡入出去病深入二千餘里至祁連山而還【增註】青字仲卿
與霍去病均平陽人　張湯多詐舞智御人更律令汲黯面責之曰公不能安國富民使囹圄空虛何紛更高
帝約束湯杜人兒時劾鼠盜肉文如老吏斷獄

武騫使夷孔桑算榷【註】遣中郎將蘇武使匈奴博望侯張
騫使西域　以南陽大冶孔僅爲大農丞洛陽賈人子

桑弘羊年十三有心計爲侍中利析秋毫緡錢二千而
一算又榷酒酤民有船車者皆算匿物不占戍邊錢沒
入榷以木量酒也【增註】騫漢中城固人封博望侯拜大將軍　武至匈奴單于使漢降
人衛律說武降武叱之律乃說單于幽武於大窖中天
雨雪咬雪與氈毛並咽之得不死單于以爲神徙武北
海使牧羝曰羝乳乃得歸武持漢節臥起操之節旄盡
落復使李陵爲置酒設樂說武降武曰我自分已死人
矣必欲我降請畢今日歡效死於前陵歎曰嗟乎義士
李陵之罪上通於天矣後常惠教使者言天子射上林
中得雁足繫帛書云武在某澤中以讓單于乃驚謝歸
武在匈奴十九年以強仕出及還鬚髮皆白遂昌尹
氏曰弘羊一賈人子耳以言利得幸至賜爵左庶長豈
非以其善理財歟然弘羊非能取其家之財以助國也
非能神運鬼輸以生財也不過假權勢以漁奪民而已
善乎我朝司馬光對神祖之言曰天地所生財貨百物
止有此數不在民則在官不加賦而上用足不過設法
陰奪民利其害甚於加賦此乃弘羊欺武帝之言太史
書之以見帝之不明爾至其末年盜賊蠭起若武帝不
悔禍昭帝不變法則漢幾亡嗚呼此言眞萬世之藥石
也元時盧世榮自謂理財有道賦倍增而民不擾翰林
學士董文用曰此錢取於右丞家耶抑取於民耶取於

右丞家則吾不知若取於民則有說矣牧羊者歲嘗兩
剪其毛今乃日剪以獻主者悅其得毛之多然羊無以
避寒熱既死且盡毛尚可得耶民財有限若盡
取之得毋有日剪其毛之患乎世榮不能對

宣防是營白渠繼鑿【註】河決瓠子久不塞元封二年發卒
塞之築宮其上名曰宣防　趙中大夫白公奏穿渠引
涇水注渭中中袤二百里溉田四百五十餘頃名白渠

沈命獄興巫蠱難作【註】帝尊用酷吏吏民益犯法盜滋起
乃作沈命法曰盜賊不發覺發覺而捕弗滿品者二千
石以下皆死　時方士及諸神巫多聚京師惑衆女巫
往來宮中教美人度厄埋木人祀之更相告訐以爲祝
詛上有疾水衡都尉江充言上疾祟在巫蠱上以充爲
使者治巫蠱獄充言宮中有蠱氣乃入宮掘地云太子
宮得木人尤多時上在甘泉太子欲往謝而充持之急

太子不知所出乃收斬充上聞發兵與太子戰太子兵敗出奔尋自殺【增註】諡曰戾上好神仙信方士李少君齊人少翁公孫卿膠東欒大言作柏梁臺承露盤太乙壇五帝祠又作明臺建章宮太液池中有漸臺蓬萊方丈瀛洲壺梁四神山南至堂神仙堂井幹樓土木之興古所未有後了無所得乃曰天下豈有仙人盡妖妄耳

晚悔輪臺富民賜爵【註】桑弘羊言輪臺東有溉田五千頃可募民墾田築亭以威西國上以其勞民下詔深陳旣往之悔遂不復出軍以田千秋為丞相封富民侯以明休息思養民也【增註】輪臺西域地名在車師國西北千里帝征伐四夷海內虛耗末年致有此悔可謂勇於改過者矣使其不改文景之恭儉以濟斯民雖詩書所稱何以加焉

霍光日磾受詔輔遺【註】帝疾篤以霍光為大司馬大將軍封博陸侯金日磾為車騎將軍受遺詔輔少主武帝在位五十四年崩太子弗陵即位是為昭帝【增註】建元日始元日元鳳日元平　晝周公輔成王朝諸侯圖以賜光　太子母趙婕妤即鉤弋夫人孕十四月乃生上名其門曰堯母門譴責鉤弋夫人立賜死

孝昭識詐桀旦以夷【註】左將軍上官桀與上將軍霍氏不睦詐令人為燕王旦上書言光專權自恣帝曰朕知是書詐也時年十四桀旦後以謀逆誅帝在位十三年崩無嗣立武帝孫昌邑王賀【增註】帝以童穉之年辨霍光之忠何天資之明也亨國不永惜哉　李德裕曰人主之德莫大於至明明以燭奸則百邪不能蔽矣漢昭帝是也周成王有慚德矣

昌邑狂縱光復廢之【註】王荒淫無度立二十七日所作惡事一千一百二十七大將軍光率羣臣白太后廢之迎武帝曾孫病已入繼戾太子孫也更名詢是為宣帝【增註】初符節令眭孟上書言有一庶人為天子坐妖言伏誅未幾宣帝立自民間建元曰本始曰地節曰元康曰神爵曰五鳳曰甘露曰黃龍昭帝三年上林苑僵柳自起生有蟲食柳葉曰公孫病已立又泰山有大石自

起立　侍御史嚴延年劾奏大將軍光擅廢立瓊山邱氏曰嗚呼延年此奏凜凜如秋霜烈日豈但一時朝廷敬憚之千載下讀者猶覺其有生氣呂祖謙曰大哉延年之奏自夷齊之後一人而已信夫　初曾孫以襁褓繫獄廷尉丙吉心知太子冤令乳養之望氣者言獄中有天子氣武帝令使者至獄無少長皆殺之丙吉不可曰他人猶不可況曾孫乎帝亦寤

孝宣刻核決獄宣室〔註〕帝持刑深刻嘗幸宣室決囚〔增註〕帝信賞必罰吏稱民安可謂中興之主然刑名繩下德化不純元氣傷矣故識者謂西京之衰自宣帝始

尚德温舒無冤定國〔註〕廷尉史路温舒上尚德緩刑書帝善之詔置廷尉平　于定國爲廷尉罪疑惟輕民以不冤〔增註〕定國字曼倩東海郯人初父于公爲縣獄吏郡有孝婦其姑以久累婦自經其女告吏婦誣服于公爭之太守不得東海三年大旱後太守至卜之于公曰其枉殺孝婦故乎太守祭其塚立雨父老爲于公治門閭公曰少高大令容駟馬高車吾治獄多隱德子孫當有興者已而定國爲獄吏決獄亦平故人謠曰張釋之爲廷尉天下無冤民于定國爲廷尉民是以不冤仕至丞相封平西侯

黃霸朱邑吏治第一〔註〕潁川守黃霸內寬外明北海守朱邑廉平不苛

廣漢鉤箝延壽自責〔註〕趙廣漢爲潁川守其俗豪傑相朋黨廣漢爲鉤箝使吏投書告訐有入無出奸黨散落　韓延壽爲東郡守表孝弟聘賢士恩施吏甚厚有欺負之者痛自責曰豈其負之何以至此吏聞皆悔

龔遂賣刀翁歸披籍〔註〕龔遂治渤海勸務農桑民有帶持刀劍者使其賣之買犢曰何爲佩犢　尹翁歸治東海吏民賢不肖及奸邪罪名皆知之縣各有記籍披籍取人以一警百

告災魏相問牛丙吉〔註〕時霍氏強盛光子禹爲右將軍兄子山秉樞機昆弟諸壻據執兵柄官夫人顯及諸女皆

通籍長信宮給事魏相因許廣漢奏封事茂陵徐福亦上言宜損霍氏權以全功臣　丞相丙吉出逢羣鬬死傷不問逢牛喘使問逐牛行幾里矣或譏其失問吉曰方春未熱恐牛近行用暑故喘此時氣失節三公調陰陽職當憂時【增註】相字若翁濟陰定陶人白去副封以杜塞蔽上始得聞霍氏逆謀吉字少卿魯國人由獄吏至御史大夫絕口不言獄中保護帝恩後帝知之拜丞相封博陽侯

常平壽昌屯田充國【註】用大司農丞耿壽昌言糴三輔近郡穀供京師初置常平倉　用後將軍趙充國言乃留屯田湟中【增註】充國字翁孫隴西上邽人沈勇有大略封營平侯年八十六　壽昌奏置常平倉穀賤增價而糴穀貴減價而糶先零羌叛充國請屯田於邊以困先零乃降

廣受見幾元成高節【註】太子太傅疏廣謂弟少傅受曰吾聞知足不辱知止不殆上疏乞歸扶陽節侯韋賢卒長

子弘有罪繫獄家人矯賢令以次子元成爲後元成陽狂不應召御史劾奏不病引拜元成不得已始受詔帝高其節【增註】廣受歸上賜黃金盡買酒與故舊歡不爲子孫置產曰賢而多財則損其志愚而多財則益其過　胡致堂曰太子時年十二其資稟志趣已可概見觀其親政之後年二十七而猶不省召致廷尉爲下獄以至再屈師傅於牢獄而卒殺之則其憒憒有素疏廣矚之已熟知其不可扶持也觀其語曰不去懼有後悔則其微意可見矣易曰君子見幾而作不俟終日疏廣有焉

麟閣圖形霍張先列韓增趙魏丙杜劉德梁丘望之蘇武十一【註】帝以戎狄賓服圖畫功臣於麒麟閣先列霍光張安世次韓增趙充國魏相丙吉杜延年劉德梁丘賀蕭望之蘇武十一人明著中興輔佐列於方叔召虎仲山甫傳示後世【增註】吳養川曰定策如博陸濟治如丙魏靖邊如充國置之前列夫誰曰不宜安世以謹厚聞延年以安和著望之丘賀以文學顯其他如韓如劉不過一藝一能之士未見有卓然之功也

而蘇武大節凜然如彼其堅也趣敬於夷狄如彼其久
也序列如彼其卑也帝豈無見於此哉蓋麟閣之圖繪
正遠人觀聽之所係彼其平昔所敬畏者知有武而已
一旦顧瞻傑閣歷數元勳而疇昔敬畏之人乃眇然特
立羣臣之後必相顧駭愕以爲中郎之大節如此且居
羣臣下則凡偃然其右者其功德顧可量歟將益信中
國人材之盛而隱然有虎豹在山之勢矣夫如是
寧不足以示中華之大而杜外夷窺伺之心哉

惜其雜霸霍氏族滅【註】帝不純任道德而雜以王霸之術
光子禹及兄去病孫雲山根據朝廷帝在民間聞其
植黨及光卒帝損奪其權禹等日見侵削又恐光夫人
顯毒弒許后事發遂謀反帝夷霍氏三族【增註】司馬溫公曰孝
宣於霍氏不早加裁抑而醞釀以成之以顯禹雲山之
罪雖應夷滅而光之忠勳不可不祀遂使家無噍類帝
亦少恩哉　初公卿議立皇后皆以擬霍光女上乃詔
求微時故劍大臣知指白立許廣漢女爲后　胡致堂
曰帝側微已娶許氏既登大寶則天下母也公卿乃心
屬光女不逆理乎光雖未言而意欲其然也以其不封
廣漢則知其慍許后之立矣妻顯邪謀
蓋肇於此此霍氏之所以覆宗也歟

三釁輕刑韓楊趙蓋弘石宦官許史外戚【註】開三大釁輕
用刑殺左馮翊韓延壽平通侯楊惲京兆尹趙廣漢司
隸校尉蓋寬饒以啟哀帝之誅大臣一釁也用中書令
弘恭僕射石顯以啟元帝之用宦者二釁也任昌成君
許廣漢大司馬史高以啟成帝之重外戚三釁也在位
二十五年崩太子奭立是爲元帝【增註】建元曰初元曰永光曰建昭曰
竟寧初立太子奭時霍顯怒曰此乃民間時子安得立
若后有子反爲王耶屢教后謀毒太子不得行故太子
得嗣位　延壽寬厚愛民與蕭望之互相攻訐坐棄市
民爲流涕惲輕財好義以事免歸治產自娛其友以書
戒之惲覆書爲人所告帝殺之廣漢坐持魏相夫人殺
婢事不實腰斬吏民守闕號泣者萬人寬饒上書曰陛
下以刑餘爲周召法律爲詩書帝惡其切直下獄饒自
剄於闕下司馬溫公曰以孝宣之明魏相丙吉爲相于
定國爲廷尉而趙蓋韓楊之死皆不厭衆心惜哉其爲
善政之累大矣周官司寇之法有議賢議能若廣漢延
壽之治民寬饒惲之剛直雖有死
罪猶將宥之況罪不足以死乎

元任恭顯蕭張引決〔註〕元帝任弘恭石顯皆宦者委以政致前將軍光祿勳蕭望之飲鴆自殺大中大夫張猛公車自殺〔增註〕恭卒顯威權獨攬與中書僕射牢梁少府五鹿充宗結爲黨友諸附倚者皆得寵位民歌之曰牢耶石耶五鹿客耶印何纍纍綬若若耶帝治無足稱者司馬溫公曰甚矣孝元之易欺而難寤也夫恭顯之邪說詭計誠有所不能辨至望之自殺則恭顯之欺亦明矣在中智之君孰不感動憤發以底邪臣之罰孝元則茫然雖涕泣不食以傷望之而終不能誅恭顯如此則奸臣安所懲乎是使恭顯得肆其邪心而無復忌憚者也

甘陳奇功匡劉經術〔註〕時郅支困辱使者西域校尉陳湯與都護甘延壽矯制發諸國兵及屯田吏士進薄單于城下發薪燒木城斬郅支首懸槀街十日　光祿大夫匡衡劉向經術古茂爲世所稱〔增註〕郅支單于號也匈奴呼韓邪單于聞郅支誅懼請入朝願壻漢氏帝以後宮良家子王嬙字昭君賜之

史丹伏蒲成帝斯立〔註〕帝欲易太子以山陽王康爲嗣駙馬都尉史丹親密得侍疾上獨寢頓首伏青蒲上地單也涕泣極諫帝感悟得不易在位十六年崩太子驁立是爲成帝帝荒淫無度〔增註〕建元曰建始曰河平曰陽朔曰鴻嘉曰永始曰元延曰綏和

禍水滅炎五侯霧塞〔註〕妃趙飛燕妹合德寵幸無比有宣帝時披香博士淖方成在帝後唾曰此禍水也滅火必矣　賜王譚商立根逢時爵關內侯黃霧四塞後悉封列侯五人同日受封〔增註〕王氏竊國之權始此飛燕長安趙臨女上過陽阿公主家見其歌舞悅之召入大幸上嘗按紂踞妲己圖曰無道乃至於此乎若不如是又何足戒然卒自蹈之初有童謠云燕飛來啄皇孫皇孫死啄燕矢

向輔王章竭忠被斥〔註〕光祿大夫劉向上封事極諫王氏

之盛帝不用其言劉輔諫立趙倢伃爲后論爲鬼薪增
註論謂議法也漢法罪人取薪於山以給宗廟祭祀薪柴之用謂之鬼薪爲三歲刑 京兆尹
王章力諫王鳳專權蔽主鳳懼乞歸太后聞垂涕不食
帝令吏劾章致其大逆罪死增註向字子政本名更生見趙姊妹淫亂上列
女傳及新序說苑洪範五行篇章字仲卿泰山鉅平人帝世政歸王氏矣劉向諫曰王氏劉氏勢不兩立
下有泰山之安則上有累卵之危陛下令國祚移於外親縱不爲身奈宗廟乎婦人內夫家而外父母家此亦
非皇太后之福也帝太息曰君且休矣終不能用其言王章剛直敢言言日食皆鳳蔽主專權所致胡致
堂曰元帝之于王章皆嘉納忠說卒之顯鳳在位房章就死然則非顯鳳殺之乃二帝殺之也
朱雲請劍慶忌賀直註安昌侯張禹帝師也每有大政必
與議定以年老子弱恐爲王氏怨帝問反言災異不足
憑槐里令朱雲見上曰臣願賜上方斬馬劍斷佞臣一
人頭上問誰對曰張禹上怒御史將雲下雲攀殿檻檻

折遂將雲去後當易檻帝曰勿易以旌直臣 左將軍
辛慶忌免冠叩頭以死爭雲帝乃已增註傾覆漢宗翊戴王氏禹有
力焉上方劍雖不得加禹之戮終不可免矣
哀寵董賢丁傅驕佚註帝無嗣立元帝孫定陶王欣爲太
子在位二十六年崩欣立是爲哀帝帝寵任董賢封爲
高安侯貴震朝廷 大司馬列侯丁明傅晏以外戚侍
帷幄典兵將屯會有日食之變帝以杜鄴對策乃罷丁
明傅晏歸第增註建元曰建平曰元壽 帝無疾而崩衆皆歸罪合德乃自殺合德飛燕妹
賢雲陽人資美麗與上同寢偏藉上袖上欲起恐賢覺乃斷袖而起其妻同居禁中名其舍曰椒風以配椒
房之義哀帝之短年無嗣天道也夫復何哀
崇嘉死官孔光弱職註尚書僕射鄭崇諫爲大司馬董賢
起大第下詔獄殺之傅太后崩帝託遺詔益封賢二千

戶丞相新甫侯嘉封還傅太后遺詔諫董賢不得益封帝怒召詣廷尉不食死　成帝欲拜孔光爲丞相已刻侯印書贊光於大行前拜受丞相博山侯印　帝在位六年爲王莽弑【增註】尚書令趙昌奏崇與宗族通疑有奸上責崇曰君門如市何獨禁切主上崇曰臣門如市臣心如水願得考覆上怒下崇獄道路稱寃司隷孫寶上言請治昌以解衆心忤旨免爲庶人光以名儒歷相二主而諂莽功德致加九錫及見不軌始求退故于文定日光之品行當與蘇威比肩在荀或下時頌莽者四十八萬七千五百七十二人光倡之也元成哀平禍種外戚加之女妖弄臣日流日下安得免莽之篡哉

王莽殺賢孝平爰立【註】大司馬王莽以帝弑乃以太后詔罷董賢歸賢卽日自殺收沒其家財四十三萬萬徙其家屬於合浦迎中山王箕子立之更名衎是爲孝平帝以莽爲太傅號安漢公加九錫立四年爲莽所弑【增註】建元曰元始　莽字巨君孝元王皇后之姪巨口短頤霞眼赤睛而聲嘶身長七尺五寸反膺高視少善要譽勤身博學王莽毒帝而偏法周公祝册納金匱謙恭下士吳養川曰王介甫詩云周公恐懼流言日王莽謙恭下士時若使當年身便死一生眞僞有誰知此言可寒奸雄之膽　帝年寖壯莽懼因臘日置毒於椒酒中帝飲之而崩

何鮑罹殃逢梅冥翼【註】直臣何武鮑宣皆坐死　東海逢萌謂友人曰三綱去矣不去禍將及人掛冠去將家屬浮海客遼東梅福知莽必篡漢一朝棄妻子去不知何之【增註】後有人見福於會稽者變姓名爲吳市門卒云今紹興府城西名梅市孔光行園陵馳道中鮑宣鈎止之反以摧辱宰相下獄諸生舉旛太學下曰欲救鮑司隷者會此會者千人遮丞相言上卒抵宣罪侯官林氏曰王莽逆節旣萌舉朝公卿爲犬馬曾不少愧而梅福隱會稽逢萌客遼東若將浼焉可謂明哲之君子矣　莽名陳咸爲掌寇大夫謝病不出時三子皆在位悉令解官猶用漢家祖臘人問故曰我先人豈知有王氏臘乎

元后立嬰賊莽居攝【註】太后詔宣帝玄孫嬰立號曰孺子年僅二歲　詔安漢公居攝踐祚【增註】宣帝玄孫莽廢爲安定公莽親接孺子手流涕歔欷曰昔周公攝位終得復子明辟今予獨迫皇天威命不能如意哀歎良久於是中侍將孺子下殿北面稱臣西漢遂從此終矣在位三年建元曰居攝曰初始

楊雄劉歆符命稱說【註】莽大夫揚雄作劇秦美新文又頌莽功德大中大夫劉歆作符命盛稱莽德歆係向子【增註】綱目書初始元年莽大夫揚雄死噫雄得免於綠林銅馬之磔幸矣又復得爲莽大夫以死何其榮哉

簒漢爲新起兵宗室【註】莽篡漢即眞天子位國號新稱新皇帝　一時宗室蜂起【增註】莽子宇諫不聽謂其好鬼神乃以血塗莽第欲以變怪驚之事覺并妻皆死　十六年凡三改元曰始建國天鳳地皇

崇快敗亡更始衆立【註】安衆侯劉崇徐鄉侯劉快皆起兵討莽不克死　劉玄光武族兄號更始將軍諸將立以

爲帝改元更始後降赤眉殺之立二年【增註】更始兵入火及掖庭莽猶於宣室旋席隨斗柄而坐曰天生德於予漢兵其如予何吁秦政燔詩書以杜私議王莽勤六藝以文凶姦同歸殊塗卒用殄滅不可爲後世鑒乎　玄字聖公舂陵戴侯之曾孫光武即位詔封贈爲淮陽王初議立劉後諸將憚光武兄縯威明貪玄弱立之暫都宛玄不君以縯有人望殺之羣小膳夫皆濫授爵長安爲之語曰竈下養中郎將爛羊胃騎都尉爛羊頭關內侯

齊有張步趙有王郎【註】瑯琊張步立爲齊王爲陳俊所殺邯鄲卜者王郎自立爲天子五月而滅【增註】郎詐稱成帝子子輿起兵惑衆

梁有劉永代有盧芳【註】睢陽劉永自稱天子專據東方尋爲蓋延所殺子紆自立爲梁王爲董憲軍士所殺　安定盧芳自立爲西平王後光武封爲代王僭立十二年入匈奴而死

東海董憲成都子陽【註】董憲主爲海西王尋敗亡 公孫述字子陽自立爲蜀王僭稱成帝改元隆興立十二年滅【增註】述妄自尊又欲用名士不起賜毒酒漢郎官廣漢李業受毒死漢議郎巴郡譙元將受毒其子以錢千萬贖之乃免

隗囂天水朱鮪洛陽一時竊發轉瞬而亡【註】成紀隗囂立漢宗廟改元漢復號白虎將軍自稱西州上將軍據天水立三年子純立一年爲來歙等所滅 洛陽朱鮪以功封膠東王【增註】囂字季孟好讀書有名譽三輔上大夫如范逡班彪馬援皆歸之名震西川使援入蜀觀述述陛戟見援歸謂囂曰子陽井底蛙妄自尊大不如專意東方乃命援奉書臣光武既而囂將杜陵王元曰天下成敗未可知今天水富强北可取西河上郡東可取三輔元請以一丸泥東封函谷關萬世一時也若計不出此且據險待變圖王不成弊猶足霸囂遂持兩端彪著王命篇以諷不聽

乃有光武系出景王【註】後漢世祖光武帝名秀字文叔景帝十子長沙定王之後南頓令欽之子建元曰建武曰中元【增註】帝生時有嘉禾一莖九穗因名秀其鄉名白水因號白水眞人當其發跡舂陵馬援郞覩顏稱異洵應天而順人也帝初立四親廟於洛陽祀南頓王以上至舂陵節侯後以五官中郞將張純奏議禮爲人後者事大宗降其私親當除今四親廟遂尊宣帝廟爲中宗祀元帝以上於太廟成帝以下於長安徙四親於章陵 安平黃氏曰光武立四親廟於章陵將以重正統而厚大宗雖賢於世之違禮以伸私恩者然核之於道則有未安也自新莽篡奪天下非漢有非一日矣光武固景王之後而長沙定王之裔也不忍漢祚之亡奮志而取天下其名號雖劉其勢則非侯王也其建國雖漢其稱則東京也其跡雖中興其實則創始也以當時事勢其視南頓君卽高祖之太公也其視高帝卽周之后稷也歷數旣膺亭帝立廟以南頓君爲帝考而稱廟以祀之以高帝爲所出之帝而太廟以享之由禰廟而上則立爲三昭三穆以及景帝長沙王可也由太廟而下則立世室以祀文帝可也其餘諸帝不過遷之爲祧祀之於祫祭則仁之至義之盡矣彼元帝者孰嗣而孰繼之耶將厚於大宗而反以來薄情之誚將附於正統而適以貽二本之譏厥後宋臣議濮王事猶引光武以爲法蓋徒知英宗之薄而不知光武之不足爲厚也光武以昭穆次第爲元帝後略其本生

元演倡義破賊昆陽〔註〕帝兄演招說新市平林兵倡義討賊爲赤眉所殺　**莽兵圍昆陽蕭王**〔增註〕更始之初會封光武爲蕭王故云　**光武自將爲前鋒而進諸部乘之莽兵潰衆共誅莽**〔增註〕帝以八千兵破莽將王邑王尋兵數十萬於昆陽諸將喜曰劉將軍生平見小敵怯見大敵勇甚可怪也　漢兵入國人爭殺莽裂其尸以首詣宛演爲赤眉所殺帝惟痛自引咎不敢爲兄哭然枕席間淚常交漬馮異常寬慰之

繼定銅馬赤眉是降〔註〕光武擊破銅馬賊于鄡　降樊崇與劉盆子于宜陽賊皆朱其眉以爲號故曰赤眉〔增註〕劉盆子故式侯劉萌之子赤眉樊崇等立以爲帝盆子時年十五爲赤眉牧牛及立披髮徒跣敝衣赭汗見衆拜稱臣恐畏欲啼　銅馬賊降不自安王乘輕騎按行部陣降者曰蕭王推赤心置人腹中安得不投死乎　穎川儒生彊華奉赤伏符以獻曰劉秀發兵捕不道四夷雲集龍鬬野四七之際火爲主帝乃即位赤眉衆事擄掠發掘漢陵汙呂后屍劉盆子不能統光武遣鄧禹擊之反爲所敗以馮異代禹三年赤眉棄長安東走異邀擊之大敗於崤底光武親統大軍陣宜陽以待赤眉大驚乃降積十餘萬甲與熊耳山齊

四七爲輔作都雒陽〔註〕二十八將爲帝輔弼　朱鮪降車駕入洛陽遂都焉

首褒卓茂物色嚴光〔註〕以卓茂爲太傅封褒德侯　光字子陵餘姚人本姓莊避明帝諱改嚴帝少與游學及即位思用故人訪之卒不屈〔增註〕光武即位變姓名披羊裘釣富春澤中　茂宛人恬淡樂道爲密令愛民如子莽時以病免歸年七十餘光武詔曰名冠天下當受天下重賞封太傅

宋弘高義伏湛循良〔註〕大司空宋弘帝欲以湖陽公主嫁之弘曰貧賤之交不可忘糟糠之妻不下堂帝謂公主曰事不諧矣　尚書令伏湛爲平原守時天下起兵湛撫循百姓一境以全

董宣強項郅惲閉門〔註〕湖陽公上蒼頭殺人匿主家吏不

能得主出行以奴驂乘洛陽令董宣格殺之主訴帝帝欲殺宣宣曰陛下縱奴殺人何以治天下帝使謝主宣不從強頓之終不肯俯敕強項令出賜錢三十萬　帝夜出還上東門候郅惲閉關不開乃從中東門入【增註】宣字少平陳留人因不肯俯頭謝公主時目之爲卧虎歌曰桴鼓不鳴董少平

劉昆虎渡郭伋童迎【註】劉弘爲宏農守虎皆負子渡河帝命書諸策　郭伋爲并州牧行部到西河美稷兒童數百各騎竹馬道次迎拜【增註】昆字桓公陳留人

杜母任子孔奮清貧【註】杜詩爲南陽守政治清平時人方之召信臣曰前有召父後有杜母　孔奮爲河西議曹椽在職儉約躬率妻子甘菜茹

張堪第五吏治彬彬【註】張堪爲漁陽守民歌曰桑無附枝

麥穗兩岐張君爲政樂不可支第五倫爲京兆掾公平廉介市無奸枉百姓愛之

惜傷嚴峻瑣事躬親【註】大司徒韓歆直諫剛切免歸復遣使責之歆自殺呂祖謙曰光武不任三公事歸臺閣以人主親簿書期會之事最失爲政體統太子諫帝帝曰樂此不疲也【增註】司馬溫公曰切直之言非人臣之利乃國家之福是以人主夙夜求之惟恐弗得聞惜乎以光武之世而韓歆以直諫死豈不爲仁明之累哉　帝恢廓大度同符高祖而推心置腹始終保全功臣則過之天下初定首建學校以復三代之盛封卓茂尊侯霸物色嚴光東漢節義之風實基於此雖廢郭后易太子信圖讖行封禪不免爲盛德之累然論中興令主罕與爲儷

馬援讒隙儲后變更【註】伏波將軍馬援卒梁松搆陷以罪初援征交趾嘗飮薏苡實能勝瘴氣載一車歸卒後有譖以所載皆明珠文犀帝怒援妻孥懼不敢以喪還舊

瑩遂槀葬城西　初帝聞新野陰氏女麗華色美納之寵冠後宮忌郭貴人有子不得立及郭后寵衰怨懟乃廢之而立焉太子彊不自安願備藩國立陰后子陽爲太子更名莊帝在位三十三年崩太子莊立是爲明帝

增註 初匈奴寇天水援自請擊之謂孟冀曰男兒要當死於邊野以馬革裹尸還葬耳何能卧牀上在兒女子手中耶頻行詔百姓祖道又謂袁松竇固曰凡人富貴當使可復賤也如卿等欲不可復賤居高堅自持勉思鄙言杜季良因援戒姪書有學龍伯高不成似刻鵠類鶩學杜季良不成如畫虎類狗語怨援誣之

明帝嗣業雲臺紀勳 註 帝思中興功臣乃圖畫二十八將于南宮雲臺 增註 建元曰永平　帝繼體守文史稱察察又垂情古典臨辟雍置五經師故永平之政媲美建武惟求書天竺佛法始入中國千古譏之

元功鄧禹河內寇恂 註 高密侯鄧禹功第一　河內太守寇恂封雍奴侯 增註 帝徇河南南陽鄧禹追及於鄴與語大悅

吳漢定蜀耿弇志成 註 上遣廣平侯吳漢伐蜀破其浮橋述引兵戰漢擊殺之蜀地悉平耿弇拔祝阿拔臨菑帝親勞軍曰將軍昔在南陽建此大策嘗謂落落難合有志者事竟成也封好畤侯 增註 二十八將獨遺來歙按中郎將來歙奉命伐公孫述述遣人刺歙未殊死馳召蓋延延至悲哀不已歙怒叱之曰虎牙何敢爾今使者中刺客無以報國故呼巨卿屬以軍事而反效兒女子泣耶延收淚受命乃自書表曰臣中夜猝爲何人所賊傷中臣要害不敢自惜誠恨奉使不稱爲朝廷羞夫理國以得賢爲本大中大夫叚襄骨鯁可任願陛下裁之投筆抽刀而絶帝賜策曰歙攻戰連年平定隴羌憂國忘家忠孝彰著虎牙蓋延爲虎牙將軍故云

大樹馮異憂國祭遵 註 征西大將軍陽夏侯馮異每與諸將論功常獨屏樹下軍中號曰大樹將軍　光武爲大司馬時舍中兒犯法祭遵格殺之上怒主簿陳副曰今遵奉法不避是教令所行上以爲刺奸將軍後晉封頴

陽侯【增註】帝賜馮異珍寶錢帛詔曰倉卒蕪蔞亭豆粥滹沱河麥飯厚意久不報

崇儒賈復勸進耿純【註】膠東侯賈復欲帝修文德乃與鄧禹並剽甲兵敦儒學　耿鄉侯耿純勸進曰今士大夫望攀龍鱗附鳳翼王不正位號恐大夫計窮大衆一散難于合矣王于是即帝位于鄗晉純高陽侯【增註】光武時戶口不實見陳留吏牘云潁川弘農可問河南南陽不可問光武詰吏吏不敢對時上甫十二歲在幄後即曰河南帝城多近臣南陽帝鄉多近親田宅踰制不可為準乃詰吏吏首服　上操切郎官藥崧河內人嘗直臺無被枕食糟糠一日觸上上以杖撞之崧匿牀下上益怒崧曰天子穆穆諸侯皇皇未聞天子自起撞郎乃赦之

受降朱祐王霸堅冰【註】堵陽侯朱祐攻秦豐於黎邱城中窮困豐率妻子肉袒降祐檻車送至洛陽斬之大司馬吳漢劾其廢詔受降帝不加罪帝至薊聞王郎兵在後去滹沱河無船可渡令王霸視之霸恐驚衆詭曰冰堅可渡至河冰果合未畢數騎而冰解後封王鄉侯更封富波侯【增註】霸字元伯潁陽人

二郡拒趙任光邳彤【註】時郡國皆應王郎獨信都守任光和成守邳彤不肯從光聞上至喜彤亦來會上拜二人為大將軍後光封阿陵侯彤武義侯【增註】上南馳過滹沱河至信都與光彤合攻王郎斬之　信都今直隸省冀州

傅俊陳俊馬武臧宮【註】積弩將軍傅俊封昆陽侯瑯琊太守陳俊封祝阿侯　捕虜將軍馬武封揚虛侯城門校尉臧宮封朗陵侯

馬成杜茂堅鐔李忠【註】中山太守馬成封全椒侯驃騎將軍杜茂封參蘧侯　左曹堅鐔封合肥侯豫章太守李忠封中水侯

岑彭下蜀王梁司空【註】征南大將軍岑彭與大司馬吳漢會兵伐蜀遂入江關封舞陽侯　河南尹王梁與蓋延吳漢俱將兵征南擢為大司空封阜成侯

景丹萬修蓋延劉隆【註】驃騎將軍景丹封櫟陽侯右將軍萬修封槐里侯　虎牙大將軍蓋延封安平侯驃騎將軍劉隆封慎侯

姚期劉植王常李通【註】衛尉姚期封安成侯驍騎將軍劉植封昌成侯以上二十八將　廷尉橫野大將軍王常封山桑侯　大司空李通封固始侯

竇融卓茂後益四公【註】大司空竇融封安豐侯太傅卓茂封宣德侯　王李竇卓四人乃後所益合上共三十有二將【增註】馬援以椒房之戚故不列雲臺圖畫

明堂宗祀養老辟雍【註】明帝二年宗祀世祖光武皇帝于明堂　帝幸辟雍初行養老禮【增註】太學曰辟雍四門以水圜繞以節觀者門外皆有橋觀者悉在水之外故曰圜橋門

環橋觀德四姓南宮【註】以李躬為三老桓榮為五更禮畢引諸生執經問難冠帶縉紳圜橋門而觀者億萬計為外戚立學南宮號曰四姓小侯四姓者樊氏郭氏陰氏馬氏諸子【增註】帝臨太學桓榮於帝為太子時師及是親執經問難自居弟子列以次令諸儒問業於榮其後匈奴亦遣子入學

郭賀賜服丁鴻侍中【註】荊州刺史郭賀有殊政賜以三公服黼黻冕旒　陵陽侯丁綝卒子鴻當襲封稱病讓國於弟盛不報乃逃去友人鮑駿上書薦之徵鴻為侍中

兩炬廉范拜井耿恭【註】北匈奴大入雲中太守廉范字叔

度令軍士各兩炬交縛三頭爇火營中星列寇大驚自相藉死者甚衆由是不敢入犯　校尉耿恭屯軍澗水旁匈奴來攻擁絶澗水吏士渴乏恭穿井不得水乃向井再拜祝有泉湧出揚水示寇寇引去 增註 瓊山邱氏曰范廉頗後裔也守雲中而破匈奴之寇守蜀郡而興五袴之歌此特官業之常耳其生平懿行之難及者有三焉年十五遭父喪於蜀蜀郡守乃其父故吏厚資送范范不受扶父柩同溺水得救免一也僅爲鄧融之功曹融被獄范變姓名爲獄卒衛侍融至死竟不言葬融乃去二也業師薛漢坐楚王謀反事誅莫敢視者范獨往斂之至觸顯宗之怒而即辨以免三也噫范之孝義其愚不可及矣但依託竇憲得無愧哉按成都民物豐盛邑宇逼隘舊制禁民夜作以防火災而更相隱蔽燒者日屬范乃毀前令但嚴使儲水而已民以爲便歌之曰廉叔度來何暮不禁火民安作昔無襦今五袴

雨隨洛駕旱罷北宮 註 帝大起北宮時天旱尚書僕射鍾離意切諫即罷之應時澍雨

惜開佛教貽毒無窮 註 帝夢見金人長大問羣臣或曰西方有神其名曰佛因遣使之天竺求其書及沙門以歸佛教遂蔓延中國不耕不織爲無窮之害帝在位一十八年崩太子炟立是爲章帝 增註 建元曰建初曰元和曰章和佛法始入中國九沙門攝摩騰佛經四十一章以白馬駝來帝以世祖爲父以光烈爲母以東海王彊爲兄而以馬貴人爲后一堂賢哲洵極人倫之快事矣所怪者楚王英事佛最先取罪獨速且大方士圖書一獄若非馬后言楚獄多濫自幸洛陽出囚千百人則大旱之雨何由立致沙門禍胎不作福如此上獨倡異端以禍中華何以解免於萬世耶按南史顧歡傳老子入關之天竺維衛國國王夫人名淨妙老子因其晝寢乘日精入淨妙口中後年四月八日夜半剖右腋而生墜地即行七步於是佛道興焉

肅宗寬厚母后明德 註 帝平徭簡賦　欲封諸舅馬太后不許値大旱言事者以爲不封外戚故太后詔以外戚貴盛鮮不傾覆固不許太后謚明德 增註 呂東萊云古今君德以問

爲主帝仁厚而鮮剛斷優柔養奸洵通論也后伏波
將軍援之女賢而節儉故明帝之世馬氏無大貴寵者
帝賈貴人所生明帝使馬后撫養之帝厭明帝苛察
每事務從寬厚然寵任竇憲漸啟外戚之用權此其短
也趙雪航曰明德斯言眞萬世母后之龜鑑也方之
呂氏封王諸呂孝元王后封諸弟爲侯豈不大相逕庭
良由伏波將軍忠義之德垂式於後觀其戒兄子嚴敦
書足以知其義方之教也明德爲貴人時德冠後宮暨
母儀天下愈崇儉素后兄廖嘗慮美業難終上書勸成
德政借喻之言足以匡扶治教忠讜萃於一門兩漢外
戚無有出其右者按廖疏中引長安語曰城中好高髻
四方高一尺城中好廣眉四方且半額城中好大袖四
方全匹帛斯言
如戲有切事實

理獄順時窮嬰廪給 註 詔二千石理民冤獄　詔嬰兒無
親屬及有子不能撫養者俱廪給

魯恭三異朱暉强直 註 中牟魯恭有三異蝗不入境化及
禽獸童子有仁心上拜爲議郎　朱暉守臨淮民歌之
曰强直自遂南陽朱季吏畏其威民懷其德

鄭均白衣毛義捧檄 註 東平鄭均以兄爲縣吏受禮遺諫
不聽脫身爲傭得錢予兄曰物盡可復得爲吏坐贓終
身損棄兄爲廉潔　廬江毛義行誼稱於鄉里府檄義
守安陽令捧檄色喜以爲親故 增註 章帝二年東巡至
任城幸鄭均舍賜
尙書祿以終其身時人號爲白衣尙書　時有張道陵
字輔漢留侯八世孫生於天目山隱廣信龍虎山帝與
和帝累召不起鍊丹於興安雲錦溪雲錦洞入蜀居鶴
鳴山至漢永壽二年於半崖舉身躍入石壁中自崖頂
出因成二洞崖半日仙洞崖上日平仙洞是年九月九
日將秘籙斬妖劍玉册玉印授長子衡與夫人雍氏登
雲臺峰白日昇天時年百二
十三歲今其子孫世襲眞人

虎觀談經闕里崇德 註 四年詔諸儒會白虎觀議五經同
異丁鴻班固等皆在如宣帝石渠故事帝親稱制臨決
作白虎通　二年帝祀孔子及七十二弟子于闕里大
會孔氏男子六十二人

恃寵竇憲孝和虒虒【註】以竇憲爲大將軍幹機密憲懼宗室都鄉侯暢分其權遣使格殺之帝在位十三年崩太子肇立是爲孝和帝　和帝甫十歲竇太后臨朝以兄憲弟篤景瓌並親要專權憲以勒燕然軍功威名日盛刺使守令多出其門【增註】廣東鮮龍眼荔枝詔勿進獻竇憲后兄貴而驕以賤直奪沁水公主田園發覺帝名憲切責曰何異趙高指鹿爲馬久念使人驚怖國家棄憲如孤雛腐鼠耳后爲毀服謝罪乃解　竇太后竇融孫勳之女廢太子慶立肇爲皇太子慶母宋氏肇母梁氏皆爲所陷害撫肇爲己子建元日永元日元興

袁任行高樂悏被脅【註】司徒袁安司空任隗奏貶四十餘人竇氏大恨以安隗行高無如何　尙書僕射樂悏劾憲不宜掌大權不報悏乞歸憲風州郡迫脅悏飲藥死【增註】是時宦官外戚迭爲消長漢家之禍自此始矣安字邵公汝陽人出楚獄四百餘家　隗字仲和

因竇氏亂政與公卿言常流涕

內謀誅憲復啟宦戚【註】憲父子兄弟充滿朝庭與其黨郭舉等謀逆獨中常侍鄭衆不附憲遂與衆定議誅憲憲篤景瓌皆自殺以衆爲大長秋【增註】孝和以幼沖卽位憤然誅憲第不諱之袁安任隗而謀之鄭衆寺人之權從茲而盛羣臣請貶竇太后尊號上手詔曰竇氏雖不尊法度而太后常自減省朕奉事十年深推大義禮臣子無貶尊上之文恩不忍離義不忍虧其勿復議帝十四歲時誅憲固稱跨竈而此詔尤爲仁孝

鄭衆始侯梁氏爰暱【註】十四年封衆爲鄛鄉侯遂攬權宦官封侯自衆始　初梁貴人爲竇皇后所忌憂死永光九年舞陰公主子梁扈奏記三府太尉張酺言狀帝悲慟乃尊貴人爲太后封梁竦三子爲侯

班超召還西域旋失【註】西域都護騎都尉班超女弟曹大

家爲超上書求歸超得生入玉門關以任尚代之尚後失邊和幾至淪失帝在位十七年崩少子隆立是爲殤帝【增註】建元延平

殤安不綱鄧后檢客【註】帝在襁褓太后臨朝在位一年崩迎章帝孫清和王慶之子祜立是爲安帝太后猶臨朝后詔司吏校尉河南尹南陽守檢勅鄧氏之賓客如干憲禁無所假貸【增註】后名綏鄧禹之孫訓之女六歲能史書十二誦詩論語入宮爲貴人從曹大家昭受經書天文算數及陰后廢遂立爲后垂簾兩朝二十年勤政事達旦不寐開邸課諸王子及鄧氏子孫經書魯恭楊震先後爲司徒大將軍騭能辭侯爵 安帝建元曰永初曰元初曰永寧曰建光曰延光

黃憲量深楊震清節【註】汝南黃叔度汪汪若千頃波澄之不清淆之不濁楊震爲東萊守昌邑令王密夜懷金遺震曰暮夜無知者震曰天知地知子知我知何謂無知密媿去【增註】時人語曰關西孔子楊伯起 宋朱晦菴嘗論黃憲言論風旨雖不盡見然其氣象溫厚圭角渾然見之者有所感於心亦其最高者乎使得聖人作成之當居顏氏科矣 楊震兩疏帝乳母王聖驕横樊豐耿寶窺帝意譖震怨望飲鴆死此安帝時事震爲太尉時子孫皆步行疏食或勸其開業辭曰使後世稱爲清白吏子孫以此遺之不亦厚乎死後門生陳留虞放陳翼訟震冤乃以禮改葬於華陰潼亭有大鳥高丈餘集墓道前俯仰悲鳴淚下沾地葬畢始去

薛詔薛包稱病周變【註】汝南薛包以孝聞徵拜侍中不拜詔加禮如毛義 尚書陳忠薦汝南處士周燮帝以羔幣聘之燮自載至近縣稱病而返

閻后用讒子孫廢黜【註】安帝在位十九年崩閻太后欲久專政立幼君以章帝曾孫北鄉侯懿爲嗣初太后與王聖帝之乳母也及中黃門江京等譖太子保于安帝廢爲濟

陰王 增註 楊震疏諫不聽中官讒之乃貶震震飲鴆死安帝在位十九年鄧太后臨朝十六年始得親政於是斥鄧氏用閻氏內寵益盛時南昌生芝草太守劉祗欲上之以問郡人盧檀檀曰方今外戚豪盛君道微弱斯豈瑞乎祗乃止

虞詡破羌來歷守闕 註 虞詡爲武都守羌衆數千遮詡於崤谷詡增竈行軍以破之 武都今甘肅階州 太僕來歷等以帝欲廢太子證以無罪下詔切責歷獨守闕連日不去爲尚書陳忠所劾乃免歷兄弟官黜歷母武安公主

北鄉早薨順帝復立 註 北鄉侯懿以延光四年三月即位十月薨 中常侍孫程王康等十九人迎太子保立之是爲順帝得復位 增註 建元曰永建曰陽嘉曰永和曰漢安曰建康

宋娥濫封閹豎胙國 註 順帝之立乳母宋娥與其謀乃封娥爲山陽君左雄請歲以錢千萬給阿母而勿加封不聽 封中常侍孫程等十九人爲列侯聽中官以養子襲爵漢祚自此寖微 增註 帝即位之初天下想其風采黃瓊李固之相繼登用東京之士於茲盛矣然閹宦弄權梁氏用事賢人君子不能救漢祚之衰矣時公卿皆斂衽至相謂曰白玉不可爲庸庸多厚福

張綱埋輪虞詡自繫 註 廣陵守張綱帝遣分行州郡綱埋其輪於洛陽都亭曰豺狼當道安問狐狸遂劾奏冀不疑無君十五事帝不用 司隸校尉虞詡彈劾權貴爲中常侍張防屢寢不報詡不勝憤乃自繫廷尉以聞帝赦之遷尚書僕射 增註 梁商爲后父子冀爲大將軍冀弟不疑爲河南尹 時有冀州刺史蘇章按其故人清河太守奸贓初赴宴陳夙好太守喜曰人皆一天我有二天章曰今日蘇孺文與故人飲私恩也明日冀州刺史按事公法也隨舉正其罪州境肅然

法眞四徵李固對策【註】扶風處士法眞博通內外學隱居不仕帝欲致之四徵不起　太尉李固以質帝崩欲立淸河王蒜梁冀白梁太后策免之

梁冀擅權禍延沖質【註】順帝在位十九年崩太子炳立是爲沖帝以延康元年八月卽位明年正月崩外戚大將軍梁冀立章帝曾孫渤海王鴻之子纘年八歲是爲質帝帝少而聰慧知冀驕橫嘗因朝會目梁冀曰此跋扈將軍也【增註】循强梁也扈竹籬也候魚之入小魚獨惡大者跳跋籬扈而出冀聞深惡之遂令左右進鴆加煑餅弒帝帝卽日崩冀立章帝之曾孫蠡吾侯志【增註】質帝遇毒名李固曰食餅腹悶得水尚可活冀曰恐吐不可飮語未竟而崩沖帝建元曰永嘉　質帝建元曰本初　沖帝崩固請立淸河王蒜冀憚蒜嚴明乃立纘時固與杜喬立朝無所回撓梁太后倚任之遂使從事中郎馬融作章奏誣固喬與蒜謀反俱下獄死　桓帝建元曰建和曰和平曰元嘉曰永興曰永壽曰延熹曰永康

潁川四長韶淑皓寔【註】潁川韓韶荀淑鍾皓陳寔皆嘗爲縣長以德政稱潁川四長　四人同時

荀氏八龍慈明稱傑【註】朗陵侯相荀淑涖事明治稱爲神君有八子儉緄靖燾汪爽肅旉並有才名爽字慈明猶稱傑士八人時人稱爲八龍名其里曰高陽里取高陽氏八才子之義【增註】後爽畏董卓就徵拜平原相歷九十三日拜司空尋卒同時蔡邕亡命江海十二年卓脅之出三日內周歷三台時尚書爲鈞台御史爲憲台謁者爲中台後王允誅卓百姓歌舞於道惟邕感其恩在允座驚歎允並收之馬融族孫太尉日磾曰伯喈曠世逸才多識漢事當使續成後史允不聽邕遂死於獄

元季二難德星顯出【註】陳寔長子紀字元方次子諶字季方諶子紀問其父優劣於祖寔曰元方難爲兄季方難爲

弟陳寔至友荀淑家八龍侍左右淑孫彧尚幼抱膝上
太史奏德星見五百里內有賢人聚
劉寵一錢楊秉不惑【註】劉寵爲會稽守郡中大治徵爲將
作大匠山陰若耶山谷間有五六老叟齎百錢送寵寵
曰勤苦父老爲人選一大錢受之　太尉楊秉清白寡
欲嘗稱有三不惑酒色財也
桓帝不君初殺李杜【註】帝不理國事任梁冀總攬朝綱
元年下太尉李固杜喬于獄殺之【增註】冀之陷李固以大行在殯固獨
胡粉飾貌搔首弄姿漢時男子皆傅粉而元老大臣亦
爲此飾殊可怪也　冀帶劍入朝尚書張陵叱羽林虎
賁奪劍議罪冀弟不疑會舉陵孝廉謂陵曰舉君適以
自罰也陵曰明府不以陵不才謬見擢用今特申公憲
以報私恩不意公反以爲口實也不疑愧[illegible]　[illegible]漢之
桓擬於西漢之成成之王等於桓之梁[illegible][illegible]之族誅殊
善於王之蔓延否則紫微玉眞帝與富平侯家人等矣
按成帝好微行嘗自稱富平侯家人　梁冀爲大將軍

殺李固杜喬秉政幾二十年天子供手鄧香妻宣生女
猛香卒宣更適孫壽舅梁紀壽引猛入掖庭爲貴人冀
因認爲己女遣客殺宣宣覺之馳入白帝帝怒呼小黄
門密召宦者單超等定計帝[illegible]前殿使尚書令尹勳持
節[illegible][illegible][illegible]廐騶虎賁羽林千餘人與司隸張彪圍冀第
[illegible][illegible]印綬冀壽皆自殺悉收梁氏孫氏無少長皆
棄市太尉胡廣司徒韓縯司空孫朗皆坐阿附減死免
爲庶人收冀財貨斥賣合三千餘萬萬充王府用追廢
梁后爲貴人立貴人鄧氏爲后初順帝徵處士楊厚黄
瓊爲議郎及梁冀用事瓊稱疾至是用瓊爲太尉天下
想見異政瓊首居公位劾貪汙辟賢俊舉汝南范滂滂
少厲清節登車攬轡慨然有澄清天下之志而黨錮之
禍起矣　時有三空之厄
曰田野空朝廷空倉庫空
梁冀既誅五侯驕恬【註】冀威權日盛罔殺無辜帝與中常
侍單超左悺定議齧超背血爲盟乃誅之封宦者唐衡
單超左悺徐璜貝瑗爲列侯五人尤貪縱不法【增註】時謂
悺爲左回天瑗爲貝獨坐
璜爲徐臥虎衡爲唐兩墮
崔寔政論李雲露布【註】涿郡舉崔寔詣公車稱病不對策

而退其論世事名曰政論　白馬令李雲露布上書上
怒逮獄死
徐姜袁魏被徵不赴【註】處士徐穉姜肱袁閎魏桓以尚書
令陳蕃薦徵皆不至
朱穆黄瓊極諫不悟【註】尚書朱穆極諫宦官恣横不悟穆
素剛憤發疽卒邧鄉侯黄瓊亦極諫不納
周福方植甘陵分部【註】周福方植俱甘陵人帝初受學於
周福後擢福爲尚書植亦有名當朝鄉人爲之謠曰天
下規矩方伯武因師獲印周仲進遂成尤隙由是甘陵
有南北部之分
岑晊范滂功曹贊務【註】南陽守成瑨以岑晊爲功曹汝南
守宗資以范滂爲功曹皆委心聽任二郡謠曰南陽太

守岑公孝弘農成瑨但坐嘯汝南太守范孟博南陽宗
資主畫諾
郭泰賈彪太學相慕【註】郭泰博學善談論太學諸生三萬
人泰彪兩人爲其冠天下慕其風采
李膺龍門蕃暢爲五【註】小黄門張讓弟朔令野王貪殘司
隸校尉李膺殺朔宦官皆懼士因名爲登龍門　太尉
陳蕃王暢更相褒重【增註】蕃字仲舉汝南人年十五居一室蕪穢薛勤曰何不掃除曰大丈夫當掃除天下安事一室舉孝廉官豫章太守時以周璆徐穉高潔特置一榻相待去則懸之後爲太尉竇融玄孫武有女爲貴人蕃請立爲后至靈帝尊后爲太后因曹節等擅權武與蕃謀悉誅之太后曰但當誅有罪此輩不得盡廢久不決王甫等聞之遂誣蕃武皆死遷太后于南宮大興黨人之禁
標榜名流禍成黨錮【註】桓帝時天下士大夫皆高尚其道
更相標榜爲之稱號宦官教成弟子牢修上書告李膺

等共爲部黨逮膺等於獄辭連陳寔范滂二百餘人皆禁錮終身帝在位二十六年崩迎立章帝孫解瀆亭侯宏是爲靈帝【增註】建元曰建寧曰熹平曰光和曰中平壬戌起四尺高觀作西苑兩殿曰葦圭靈昆上嘗于中弄狗着進賢冠帶綬或駕四驢躬自執鞭問侍中楊奇曰朕何如桓帝奇曰陛下之于桓猶舜比德堯上曰卿强項如震死後必致大鳥先是戊午西邸開賣官市兩千石二千萬四百石四百萬令長隨縣之豐約富者入錢之官貧者到官倍輸公千萬卿五百萬有涿郡名士崔烈因傅母入錢爲司徒拜官日上曰悔不少靳可致千萬常議桓帝不能作家居呼常侍張讓爲父趙忠爲母呼靈之昏愚甚於桓炎炎之棟宇將傾而靈總不知靈之不靈可慨也夫

劉淑三君俊及厨顧【註】以竇武陳蕃劉淑爲三君君者一世之所宗也　李膺荀昱杜密王暢劉祐魏朗趙典朱寓等八人爲八俊俊者言人之英也張儉翟超岑晊范康劉表陳翔孔昱檀敷等八人爲八及及者言其能導人追踪者也【增註】郭泰范滂尹勳巴肅宗慈夏馥蔡衍羊陟爲八顧顧者言能以德行引人者也　度尚張邈王孝劉儒胡母班秦周蕃嚮王章爲八廚廚者言能以財粟救人者也

甫節反難死者百數【註】太傅陳蕃大將軍竇武奏誅宦者甫節等反爲宦者所殺并殺前司隸校尉李膺等百餘人【增註】是時宦官之禍流毒縉紳忠臣義士駢首就戮不免招外兵以除內難於是虺蜴既除虎狼入室矣　胡致堂曰蕃位上公武本兵柄同心協力請治閹尹而不能勝何也竇武貪援立之功一家四侯其失一也雖用賢才而司隸校尉河南尹未有署置其失二也中官罪惡著者可廢可除其餘慰安之孰不畏服而欲悉去之三失也太后猶豫此事機也宜及時請御殿閉宮省門衛迅速掩捕而武會不決四失也既收鄭颯不即行刑尚送北寺獄五失也曹節王甫是爲元惡必待鄭颯辭連然後奏收六失也外廷新立內豎膠固既與爲敵乃使人納奏已出府宿七失也兵柄在手至事敗露乃始召兵八失也至於蕃聞難將官屬諸生拔刃入尚書門欲何爲耶以是知蕃公忠而短於才術武無足稱矣

張儉望門蔓延追捕【註】張儉與宦官不睦侯覽劾之儉懼

亡命困迫望門投止莫不重其名行破家相容後止李篤家又抵魯國孔襃不遇襃弟融年十六匿之事泄儉亡走吏收襃融送獄未知所坐而襃融又相讓吏因問其母母曰家事任長妾當其辜一門爭死郡縣讞之詔坐襃

申家徐稚林宗以悟 註 徐稚爲人清潔飢不可得食寒不可得衣所謂南州高士徐孺子也嘗以書戒郭泰曰大木將顛非一繩所維何爲棲棲不遑寧處郭林宗感悟曰謹拜斯言 增註 或問范滂曰林宗何如人對曰隱不違親貞不絕俗天子不得臣諸侯不得友吾不知其他

夏馥冶傭袁閎土室 註 夏馥聞張儉亡命乃自翦鬚變形入林慮山中變姓名爲冶家傭　袁閎見黨事起欲投跡深林以母老乃築土室四周於庭潛身十八年卒於土室

申屠見幾超然禍轍 註 申屠蟠見太學生爭慕范滂等風歎曰戰國之世處士橫議卒有坑儒焚書之禍今之謂矣乃絕迹於梁碭之間後滂等罹黨禍惟蟠免 增註 蟠於董卓時堅抗不出仕無愧東漢之處士矣

亂起黃巾儁嵩戮力 註 鉅鹿張角弟梁寶自稱將軍旬月間天下響應皆著黃巾爲標幟時人謂黃巾賊　遣左中郎將皇甫嵩右中郎將朱儁討潁川黃巾斬角及角弟梁寶於下曲陽傳首京師 增註 角以妖術號太平道自稱大賢良師分遣弟子傳誘十餘年徒衆十餘萬遂置三十六方大方萬餘人小方六七千訛言蒼天已死黃天當立歲在甲子天下大吉令大方馬元義結中常侍封諝徐奉爲內應事敗角遂反自稱天公將軍弟寶地公將軍梁人公將

軍所在焚劫北地太守皇甫嵩與八宦官成皐呂强建言始弛黨禁

盧植有功反見囚縶【註】中郎將盧植連破張角角走廣宗植築圍鑿塹將破之帝遣小黃門左豐視軍豐求賂不得遂譖植玩寇以待天誅帝怒檻車徵植還以中郎將董卓代之帝在位二十二年崩子辯立是爲弘農王【增註】建元曰光熹曰昭寧

弘農初立進召董卓盡誅宦官帝亦廢辱【註】宦官蹇碩忌何太后兄大將軍進進殺之袁紹因勸進悉誅宦官進白太后不許紹爲進畫策召四方猛將引兵向京城脅太后董卓聞召卽時就道至澠池而進狐疑宣詔止之進謀泄中官張讓等殺進進部將引兵燒南宮門袁紹捕誅宦官二千餘人讓等困迫將帝步出穀門部掾閔

貢夜追及河上厲聲責讓等手斬數人讓投河死卓遠見火起知有變急進兵迎帝于北芒阪下是日還宮卓廢帝爲弘農王立帝弟陳留王協是爲獻帝卓弑太后何氏自爲相國【增註】主簿陳琳諫進曰諺稱掩耳捕雀夫微物尙不可欺況國之大事其可以詐立乎今將軍總皇威握兵要龍驤虎步高下在心此猶鼓洪爐燎毛髮耳但當速發雷霆行權立斷斯天人順之而反委釋利器更徵外助大兵聚會彊者爲雄所謂倒持干戈授人以柄功必不成祇爲亂階耳曹操聞進招外兵笑曰宦官古今有之但人主不當假之權使至於此旣治其罪當誅元惡一獄吏足矣何爲紛紛召外兵乎欲盡誅之事必宣露吾見其敗也 建元曰永漢曰初平曰興平曰建安曰延康

劫獻長安王允董卓【註】關東州郡皆起兵誅卓卓劫帝遷都長安避之 司徒王允用連環計與卓將呂布密謀討卓誅之火燃其尸臍三日號卓燈【增註】卓逼帝遷長安因燒洛陽宮室發掘諸帝陵寢 卓字仲穎臨洮人粗猛有謀能左右射築隝於郿積儲三十年自云成則雄據天下不

成則守此以老　中郎將呂布膂力過人卓信愛之誓
爲父子然卓躁急布小失意輒拔戟擲之允因說布誅
卓布曰如父子何曰將軍自姓呂且擲戟時寧有父子
情耶布遂刺殺卓　後自稱徐州牧曹操決沂泗水灌
之降時先主在坐布曰卿爲坐上客我爲降虜繩縛我
急獨不可一言耶操笑曰縛虎不得不急命緩布先主
曰明公不見丁建陽董太師事乎布目之曰
大耳兒最叵信猶記轅門射戟時乎遂被殺

李郭殺王韓楊爭逐【註】卓已死百姓訛言悉誅涼州人卓
部將李傕郭汜等舉兵犯闕入長安殺王允　楊定董
承將兵迎天子幸楊奉營張濟與奉承不相平乃與傕
汜共追乘輿大戰弘農東澗承奉敗乃密招故白波帥
韓暹共擊傕等破之車駕發東奉等亦戰敗暹以帝歸
營

曹操入朝大權掌握【註】騎都尉曹操迎帝還雒陽自爲大
將軍封武平侯自是政歸曹氏

遷帝許都楊彪下獄【註】用董昭言移駕遷許都　太尉楊
彪與袁術婚操惡之劾以大逆收下獄【增註】操迎獻帝
都許伏皇
后密與父完書令圖操事洩操令華歆收后后披髮徒
跣過與帝訣曰不能復相活耶帝曰我亦不知命在何
時遂下后暴室幽
死並殺其二皇子

袁呂既亡張劉降服【註】將軍張繡與操不睦操擊破之後
降於操擊荊州刺史劉表表卒其子琮舉荊州降

赤壁敗歸勢成鼎足【註】操既定荊州將順流東下討虜將
軍孫權迎擊於赤壁大破之操引還遂成鼎足三分之
勢操自爲魏公

弑后自王丕逆相續【註】董承女爲貴人操殺承及貴人伏
后懼與父完謀誅操事洩操弑伏后自爲魏王　操卒
子丕立襲父爵

廢帝山陽漢祚云覆【註】丕篡漢卽皇帝位廢帝爲山陽公　漢四百年亡以後爲三分【增註】魏青龍二年帝崩魏諡爲獻蜀中間帝崩諡曰孝愍帝宜從漢諡　赤帝子火熾四百餘年至愍而滅共延三十餘年而始爲山陽公者止熒熒殘燼已耳

悲夫

蜀漢昭烈中山之孫【註】帝名備字玄德景帝子中山靖王之曾孫【增註】蜀今四川成都府東吳周瑜曰備以梟雄之姿得關張熊虎之將必非久屈人下者恐蛟龍得雲雨終非池中物也　陳壽三國志尊魏習鑿齒春秋尊漢朱子綱目以漢爲正曹丕篡漢備乃正位於蜀建元章武　昭烈以帝室之胄卽位成都與北魏東吳三分鼎足雖機權不及魏武而宏毅寬厚誠哉操以暴吾以仁操以譎吾以忠事無不可成也第孫劉之好不終猇亭敗績創業未半而中道殂庸兒不克繩武天殆不相劉氏矣

舉兵討賊三顧孔明【註】以布衣起兵討黃巾賊　帝與河東關羽涿郡張飛友善嘗訪士於襄陽司馬徽徽曰儒士俗士豈識時務識時務者在乎俊傑此間自有伏龍鳳雛問爲誰曰諸葛孔明龐士元也徐庶亦薦孔明于備曰此人可就見不可屈致將軍宜枉駕顧之帝乃詣凡三往隆中始見曰漢室傾頹奸臣竊命孤不度德量力欲伸大義於天下計將安出亮對以取荊益結孫氏則霸業成漢室興矣遂與亮歸帝曰孤之有孔明如魚之得水也【增註】孔明名亮琅琊人也寓居襄陽隆中臥龍岡每自比管仲樂毅時人莫之許惟潁川徐庶崔州平然之琅琊山東青州府襄陽湖北襄陽府隆中山名在襄陽府城西北潁川今河南許州遂昌尹氏曰一世人龍如孔明高臥隆中抱膝長吟畧無意於當世向使昭烈不垂三顧之勤則將槁死巖穴與草木同腐耳及其一起則功名事業彪炳顯著亮豈大言無當者彼其擇理甚精而處己甚明謂枉己不可以直人也故不苟合以求售謂託人不可以非所也故不肯苟仕於僭竊時乎未遇則高蹈邱園道苟可行則奮志事業君臣旣合魚水相歡則伸大義于天下使興衰繼絶翊扶正統之志昭如日星然後簒竊之徒其罪

始暴白而不可掩豈區區一智一能之士隨世就功名者可同日語哉史書劉備見諸葛亮於隆中其與聘莘野訪渭溪越千載如出一轍嗚呼三代而下孰謂出處之正有如孔明者哉不有君子表而出之則孔明亦後世之人物耳噫

不肯劉表敗軍江陵 註 帝與表爲兄弟不忍取其荊州自操擊降荊州之後帝奔江陵荊州人歸之者十餘萬

合吳破魏從權借荊 註 操追及帝於當陽長阪帝走夏口與魯肅遇肅勸帝自結于吳遂與亮俱詣孫權權遣兵與帝并力迎擊操破之赤壁　帝徇荊襄諸郡下之權以荊州本吳地遣魯肅索之帝寫文書一紙孔明魯肅作保暫權借荊州待取西川後仍還東吳

趙張虎將統正謀臣 註 趙雲張飛爲世虎臣　以龐統爲從事親待亞於孔明扶風法正素以劉璋不用爲怨張松薦於帝用爲謀士

襲璋取益漢中繼平 註 帝入成都劉璋降遷之公安自領益州牧　復取魏操漢中之地自稱漢中王漢獻帝建安二十五年曹丕簒立上遂稱帝改元章武是爲先主昭烈帝

忿吳襲羽丧兵夷陵 註 帝與羽飛恩若兄弟羽爲吳所殺帝恥之自將伐吳自巫峽建平連營夷陵界七百餘里立數十屯爲吳將陸遜以火敗　夷陵屬荊州 增註 羽守荊州攻樊城斬魏將龐德威名赫著權使呂蒙襲羽白衣搖櫓作商賈狀羽守兵不覺及羽還戰敗被擒與其子平皆遇害按關侯生於延熹之庚子六月二十四日至獻帝建安二十四年己亥冬遇害恰符六旬賓天若五月十三乃侯子平生辰也如云光和戊午則侯只四十二歲甚誤　當陽縣志載邑北龍陽縣舊名漢壽故額北門爲漢壽門蜀志大將軍費禕會諸將於漢壽綱鑑景耀元年詔漢中兵屯漢壽操當日殆遙指其地表

封關侯演義小說謂操鑄壽亭侯印封侯侯不受加以漢字乃受明受於漢非受於曹也但此時曹未篡漢何庸爭加漢字且漢無著名之亭侯故知定係漢壽

託孤諸葛後主稱尊【註】帝敗升馬鞍山夜遁入白帝城【增】白帝城屬四川夔州府永安宮明年夏四月病篤請丞相亮於楊前謂曰嗣子可輔則輔之如其不才君可自取在位二年崩子禪立是爲後主封亮爲武鄉侯【增註】建元曰建興延熹曰景耀曰炎興

武鄉忠壯孟獲七擒【註】時益州部耆帥雍闓叛亮斬之郡人孟獲收餘衆拒亮生擒之縱使更戰七縱七擒獲曰公天威也南人不復反矣

和吳討魏祁山出屯【註】禪初立丞相亮使尚書鄧芝至吳修好吳來聘復使鄧芝報之吳遂絕魏連蜀討魏亮會兵伐之　建興六年亮上疏出師屯漢中以圖魏中原自率衆攻祁山十二月又復上疏伐魏凡六出祁山卒於五丈原軍謚忠武侯　祁山今甘肅鞏昌府西和縣北【增註】亮伐魏戰於街亭敗績參軍馬謖違亮節度舍水上山不下據城魏將張郃絕其汲道故敗十二年又進軍渭南魏司馬懿拒守亮始分兵屯田爲久駐計秋八月卒於軍

琬無適莫禕悟過人【註】督農楊敏坐事繫獄懼必死大司馬蔣琬心無適莫敏得免重罪　大將軍益州刺史費禕頴悟過人爲尚書令省讀文書舉目究意終亦不忘【增註】琬字公琰湘鄉人代亮拜大將軍改大司馬輔政督農楊敏毀之曰作事憒憒不及前人琬曰吾實不及前人事不能理誠憒憒也

董允公亮姜維將兵【註】尚書令董允秉心公亮獻替盡忠宦官黃皓有寵畏允不敢爲非　車騎將軍姜維負其

才武嘗繼出祁山九伐中原【增註】譙周作讐國論以諷之然忠誠可嘉未爲瀆武

寵任黃皓鄧入陰平北地哭祖瞻尚死君【註】中常侍黃皓後主寵之操弄威柄以此傾國　姜維請守陰平之橋頭皓啟後主寢之魏遣鍾會鄧艾伐漢艾遂自陰平行無人之地七百有餘里山谷高深艾以氈自裹推轉而下將士皆攀木緣崖而進　至成都後主用譙周議降其子北地王諶哭于昭烈之廟先殺妻子後自殺魏封禪爲安樂公　衞將軍諸葛瞻及其子尚及鄧艾于綿竹力戰而死【增註】綿竹之戰臣死於君見孔明之有子成都之降子死於父見昭烈之有孫

陰平甘肅鞏昌府文縣侍中陳祗與皓相爲表裏

三漢四百五十九春【註】西漢東漢蜀漢共四百五十九年

王莽簒十七年在外起居攝元年丙寅終地皇三年壬午

附魏【增註】凡五主共四十五年起漢獻帝延康元年庚子止吳主皓元興元年甲申

曹丕簒逆臨江歎息【註】丕襲父操爵魏王簒漢國號曰黃初時吳絕魏和蜀以舟師伐吳臨江見波濤洶湧歎曰固天所以限南北也遂還在位七年殂子叡立是爲明帝【增註】國號曰太和青龍景初　晉陳壽三國志帝魏寇蜀持論未允宋司馬氏作通鑑因之朱子作綱目始以正統予蜀非有所阿也所以礪曹氏簒竊之魄爲萬世賊臣正其罪也不然以地而論則魏屬中州以緒而言則丕承漢獻律以革命似可不拘矣迨後司馬陰謀全規仿阿瞞而仍以正統予之亦以見天道報施之不爽耳操在泉下有知晉亦愧從前枉用心機否千百世後讀史者但知紹漢統不知有魏并不克比於王莽之簒孝平項羽之奪秦祚猶得以閏位目之哀哉　閏位言呂政王莽皆不爲正王之位如歲月之餘分爲閏也

于叡繼之好營宮室【註】叡作殿築觀力役不已農桑失業起土山於芳林園公卿皆負土鑄銅人承露盤盤折聲聞數十里大發銅鑄人二號翁仲

圖湧討曹天道不惑【註】張掖郡湧出石瑞圖文云天討曹石圖發于非常亦由輕百姓好攻戰也

高士管寧清操冰雪【註】徵處士管寧不屈惟賁卜優游高尚其志【增註】管幼安避亂遼東與邴原王烈爲公孫度所禮寧與度語惟經典不及時事在遼二十七年破帽靑衫終日靜坐木榻爲穿語原曰潛龍以不見成德年八十四歲居然漢遺民也豈荀彧輩所及哉

廢芳立髦殞於南闕【註】叡無嗣養芳爲子莫有知其所由來及疾命立芳叡在位十三年殂芳立芳數召中書令李豐語師卽殺豐芳意不平師廢爲齊王在位十三年立丕孫東海王霖子高貴鄉公髦師卒弟昭嗣髦立六年見司馬氏威權日甚不勝其忿將自討昭以語侍中王沈常侍王業遂出沈業奔告之昭中護軍賈充與戰于闕下太子舍人成濟問充當云何充曰司馬公畜養汝輩正爲今日濟卽抽戈刺髦殞于車下昭立操之孫燕王宇子常道鄉公璜更名奐立四年滅漢【增註】芳國號正始嘉平髦國號正元甘露先是井中屢見龍羣臣以爲瑞髦曰龍屈於井非嘉兆也作潛龍詩自嘲奐國號景元咸熙

司馬擅權覦曹一轍【註】太尉司馬懿受丕遺詔輔政其權遂歸司馬氏懿卒子師嗣位爲大將軍竟如曹操

陳留幷蜀一稔而絕【註】奐立五年昭卒子炎嗣奐尋禪位于炎是爲晉武帝廢魏主爲陳留王　魏亡於甲申蜀

漢亡於癸未陳留王奐并蜀一年即亡於晉

附吳凡四主共五十八年起漢先主章武二年魏文
帝丕黃初三年壬寅止晉武帝咸寧五年已亥
是爲三國魏立四十四年而滅蜀漢又二年晉王
司馬炎篡位又十六年晉滅吳天下歸晉三分凡
六十年起庚
子止己亥

吳起孫權繼兄策業【註】權字仲謀吳郡富春人今浙江杭州府富陽縣父堅漢破虜將軍兄策討逆將軍早卒無嗣弟權立張昭等奉之領其衆【增註】國號曰黃武黃龍嘉禾赤烏太元神鳳
策喜輕出微行虞翻諫曰夫白龍魚服困於預且
願少留意策不能從故及於許貢客之難說苑吳王
欲從民飲酒伍子胥諫曰昔白龍下青泠之淵化爲魚
漁者預且射中其目龍上訴於天天帝曰當是時若安
置而形龍對曰化爲魚帝
曰魚固人所射預且何罪

周瑜魯肅敗操赤壁【註】曹操既取荆州順江東下張昭等勸權迎降魯肅獨不可都督周瑜請擊之大破操于赤壁【增註】時曹兵八十萬瑜謂權曰操託名漢相實漢賊
也將精兵五萬保爲將軍破之於是縱火焚操
舟操敗走操遣蔣幹說瑜瑜曰子翼遠涉江湖爲曹
氏作說客耶丈夫處世遇知己之主禍福共之幹但笑
終無所
言而歸

陸遜呂蒙荆州掩襲【註】權將呂蒙襲江陵伏其精兵使白衣搖櫓作商賈服晝夜兼行江陵守皆降遂定荆州蒙託病薦陸遜以代乘其不備襲之【增註】蒙字子明汝南
富陂人有武略
權勸之學魯肅過之驚曰
卿今材畧非復吳下阿蒙

亮爲琳廢瑯琊是立【註】權在位廿三年殂少子亮立字子明大將軍孫綝輔政使諸弟典兵以自固亮惡綝謀誅之事泄綝廢亮爲會稽王在位六年立權第六子瑯琊王休字子烈在位六年殂【增註】亮國號曰建興五鳳太平休國號永安

救蜀綏師辱亡齒例【註】蜀使告急於吳吳使將軍丁奉來

援延遲不進聞蜀亡而反

歸命荒淫濬入建業

吳人以蜀初亡欲得長君迎立休兄子烏程侯皓麤暴
驕盈大小失望降晉後封歸命侯　晉大舉伐吳龍讓
將軍王濬舉帆直指建業遂入石頭皓降

無統十六晉統斯一

炎篡魏十六年太康元年庚子晉始一統天下三分六
十年起庚子止己亥

附註

操作自敘令曰孤始于譙東築精舍欲秋夏讀書
冬春射獵爲二十年規待天下清乃出仕耳然不
能如意徵爲典軍校尉意遂更欲爲國家討賊立
功使題墓道言漢故征西將軍曹侯之墓此其志
也遭値董卓之難興舉義兵破降黄巾又討袁術
摧破袁紹梟其二子復定劉表遂定天下身爲宰

相人臣之貴已極意望已過矣設使國家無有孤
不知當幾人稱帝幾人稱王或者見孤彊盛恐妄
相忖度言有不遜之志每用耿耿然欲孤便爾委
捐所典兵衆實不可也誠恐離兵爲人所禍已敗
則國家傾危是以不得
慕虛名而處實禍也
周瑜上權疏曰劉備以梟雄之姿而有關羽張飛
熊虎之將必非久屈爲人用者恐蛟龍得雲雨終
非池中物也權不從備聞之歎
曰天下智謀之士所見畧同
程普敬服瑜謂人曰與公
瑾交若飮醇醪不覺自醉
龐統守耒陽令不治免官魯肅遺備書曰龐士元
非百里才也使處治中別駕之任始當展其驥足
耳

張飛趙雲破巴郡獲太守嚴顏飛呵曰何以不降
顏曰卿等無狀侵奪我州我州但有斷頭將軍無
降將軍也飛釋
之引爲賓客
操以四十萬破孫權江西營權帥七萬禦之相守
月餘操見其舟楫器仗軍伍整肅歎曰生子當如
孫仲謀如劉景升兒
子豚犬耳操軍還

亮治蜀尚嚴峻法正勸其緩刑弛禁對曰君知
其一未知其二劉璋闇弱威刑不肅君臣之道
漸以陵替今吾威之以法法行
則知恩限之以爵爵加則知榮
庶子劉楨美文詞曹植親愛之楨曰君侯采
庶子之春花忘家丞之秋實家丞謂邢顒也
操稱荀文若之進善不進不
休荀公達之去惡不去不止
操出軍遷要以臨漢中趙雲將數十騎出營視
之値操揚兵大出雲與相遇前突其陣且戰且
却魏兵散而復合追至營下雲入營更大開門
偃旗息鼓魏兵疑有伏引去雲擂鼓震天惟以勁
弩于後射魏兵魏兵驚駭墮漢水死者甚衆先主
來視昨戰處曰子龍一身都是膽也操軍還長
安備遂
有漢中
魏主丕問吳趙咨曰吳如大夫者幾人對曰聰
明特達者八九十人如臣之比車載斗量不可
勝
數

先主疾篤命丞相亮輔太子謂亮曰君才十倍
曹丕必能安國終定大事若嗣子可輔輔之如
其不才君可自取爲詔勅太子曰勉之勉之勿
以惡小而爲之勿以善小而不爲惟賢惟德可
以服人汝父德薄不足效也
汝與丞相從事事之如父
亮卒於軍中長史楊儀整軍而出懿追之姜維
令儀反旗鳴鼓若將向懿者懿斂軍退不敢偪
儀始結陣而去入谷然後發喪百姓爲之諺曰
死諸葛走生仲達懿聞之笑曰吾能料生不能
料死故也按其營壘曰天下奇材也追至赤岸
而還初亮表于帝曰臣成都有桑八百株薄田
十五頃子弟衣食自有餘饒不別治生以長尺
寸臣死之日不使內有餘帛外有贏財以負陛
下及卒如其言長水校尉廖立亮廢之爲民徙
之汶山及聞亮卒垂泣曰吾終爲左衽矣李
平聞之亦發病死平常冀復拔
得自補復策後人不能故也
司馬懿以兖州刺史王昶應才德兼備選昶爲
人謹厚名兄子曰默曰沈名其子曰渾曰深戒

之曰吾以四者爲名欲汝曹顧名思義夫物速成則疾亡晚就則善終朝華之草夕而零落松栢之茂隆寒不衰能屈以爲伸讓以爲得弱以爲强鮮不遂矣毀譽者愛惡之源而禍福之機不可輕也諺曰救寒莫如重裘止謗莫如自修斯言信矣

魏王睿詔尚書盧毓曰選舉勿取有名譬如畫地作餅不可啖也

魏大赦司農孟光責費禕曰赦者偏枯之物非明世所宜有也昔丞相亮時有言公惜赦者亮曰治世以大德不以小惠若劉景升父子歲歲赦宥何益于治乎

管輅明術數語不及易中詞文曰夫善易者不言易也何晏贊之曰可謂要言不煩

恪述俚語曰明鑑所以照形古事所以知今傳嘏曰多言多釁妬故無親

王祥爲别駕政化大行時人歌之曰海沂之康寧也實賴王祥邦國不空别駕之功

鄧艾至成都帝遣使奉璽綬降其子北地王諶怒曰吾理窮力屈禍敗將及便當父子君臣背

城一戰同死社稷以見先帝可也奈何降乎帝不聽諶哭于昭烈之廟先殺妻子而後自殺遷後主于洛陽魏封爲安樂公他日與宴爲之作蜀伎旁人皆感愴而後主喜笑自若昭謂賈充曰人之無情乃至于此雖使諸葛亮在不能輔之久全况姜維耶他日問之曰頗思蜀否對曰此間樂不思蜀也秘書郎郤正聞之謂曰若王復問宜泣而言曰先人墳墓遠在岷蜀乃心西悲無日不思因閉其目會昭復問後主對如正言昭曰何乃似郤正語耶後主驚視曰誠如尊命左右皆笑之

右小註皆史要原文所無以係三國中緊切者附注于此以便閱者 吳兆慶跋

曾孫泰敬錄

門下族孫安玊校字

史要卷二終